Ontwaak kinderen! – Deel 8

Ontwaak kinderen!

Deel 8

Gesprekken met

Śri Mata Amritanandamayi

Swami Amritaswarupananda

Mata Amritanandamayi Center, San Ramon
Californië, USA

Ontwaak kinderen! Deel 8
Gesprekken met Śri Mata Amritanandamayi

Uitgegeven door:
Mata Amritanandamayi Center
P.O. Box 613
San Ramon, CA 94583
Verenigde Staten

———————— *Awaken Children 8 (Dutch)* ————————

Eerste uitgave van het MA Center: mei 2016

In Nederland:
www.amma.nl
info@amma.nl

In België:
www.vriendenvanamma.be

In India:
www.amritapuri.org
inform@amritapuri.org

Dit boek wordt in alle nederigheid opgedragen aan de
Lotusvoeten van Śri Mata Amritanandamayi,
het Stralende Licht, dat in het hart van alle wezens verblijft.

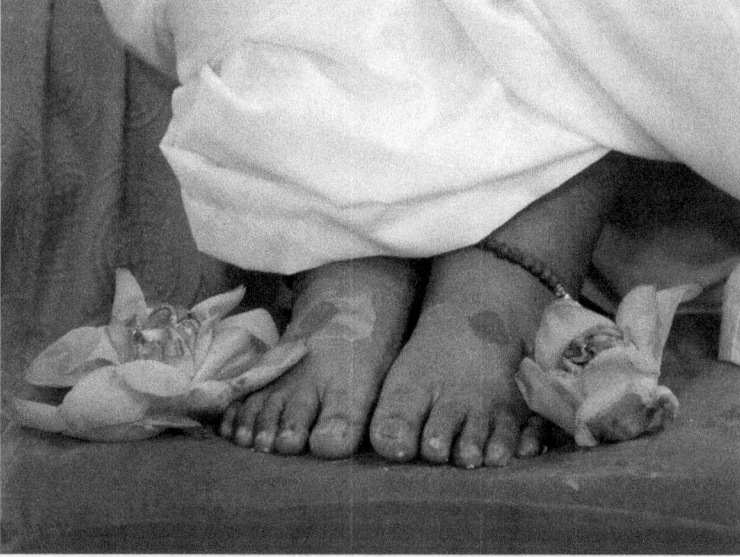

Vandeham saccidānandam bhāvātītam jagatgurum |
Nityam pūrnam nirākāram nirgunam svātmasamsthitam ||

Ik buig voor de Universele Leraar, die Satchidananda is, die
voorbij alle verschillen is, die eeuwig is, volledig, zonder eigenschappen, zonder vorm en altijd gevestigd in het Zelf.

Saptasāgaraparyantam tīrthasnānaphalam tu yat |
Gurupādapayovindoh sahasrāmśena tatphalam ||

Wat voor verdienste iemand ook verkrijgt door pelgrimstochten
en door het baden in de heilige wateren, die zich uitstrekken tot
de zeven zeeën, kan zelfs niet een duizendste deel evenaren van
de verdienste die men verkrijgt door het drinken van het water
waarmee de voeten van de Guru zijn gewassen.

Guru Gita, verzen 157, 87

Inhoud

Inleiding

Door dit boek, het achtste deel van "Ontwaak Kinderen!", stroomt Moeders oneindige wijsheid opnieuw. Wanneer een volmaakte Meester als Moeder spreekt, is het Zuiver Bewustzijn dat spreekt. Het zijn Krishna, Rama, Boeddha en Christus die spreken. Het zijn alle grote meesters van het verleden, het heden en de toekomst die spreken. Het is de Stem van God zelf. In feite zijn Moeders woorden niet alleen maar woorden, want zij bevatten een eigen bewustzijn. Wanneer men met een meditatieve en contemplatieve geest leest, kan men Moeders onvoorwaardelijke spirituele energie ervaren in ieder woord dat Zij uit.

Door via dit boek tot ons te spreken inspireert en verheft onze geliefde Moeder ons. Zij laat ons proeven van de Waarheid, wat ons zal helpen uiteindelijk één te worden met de onbeschrijfelijke oceaan van Sat Chit Ananda (Zijn Bewustzijn Gelukzaligheid). Boven alles is de betoverende en zuiverende aanwezigheid van deze grote Meester de meest vruchtbare bodem waarop de bloemen van ons hart kunnen ontluiken en bloeien.

Moeder spreekt nooit over Haar grootheid. Maar het mysterieuze fenomeen dat Moeder is, is een onweerstaanbare Kracht. De goddelijke liefde en het mededogen die Moeder verspreidt, zijn ongeëvenaard. Zij straalt letterlijk vrede en vreugde uit. Haar bestaan is volledig en volmaakt. Moeders woorden zijn zonnestralen van de Waarheid, die de onsterfelijke boodschap van de Absolute Realiteit naar ons overbrengen.

We kunnen doorgaan nog meer geschriften te bestuderen, maar er zal niets gebeuren en we zullen geen spirituele vooruitgang maken, tenzij wij een spirituele Meester zoals Moeder vinden. Als we eenvoudig in Moeders aanwezigheid zijn, zullen we de goddelijke geur van Sat Chit Ananda ervaren die in een oneindige stroom uit Haar komt. De aanwezigheid van God zal tastbaar voor ons worden en zonder onderricht zullen we leren ons ware Zelf te zijn.

Swami Amritaswarupananda
Mata Amritanandamayi Math, Amritapuri

✹ ✹ ✹

De meeste gebeurtenissen in dit boek
vonden plaats in het jaar 1986.

Enkele gebeurtenissen vonden echter plaats in 1984 en 1985.

✹ ✹ ✹

Hoofdstuk 1

De speelse Moeder

Moeder leek op een prachtig donkerblauw beeld. Zij zat in een staat van diepe samadhi voor het nieuwe ashramgebouw, dat in aanbouw was. Moeder was omringd door het merendeel van de ashrambewoners en een gezin dat op bezoek was. Zij keken allen intens naar Haar. De zon straalde en was warm. Hij leek naar beneden te kijken om een glimp van Moeder op te vangen en Haar lichaam te liefkozen met zijn prachtige, gouden stralen. Terwijl iedereen Moeders betoverende gelaat in zich opnam, opende Zij Haar ogen en glimlachte naar hen. Wanneer Moeder glimlacht, openen zich alle harten en men kan het niet helpen zelf ook te glimlachen. Haar lieve glimlach heeft een wonderbaarlijke, helende uitwerking. Zonder een woord te zeggen kan Moeder Haar Goddelijkheid uitdrukken door een blik, een glimlach of een aanraking. Als je in Haar aanwezigheid zit, ervaar je een directe verbinding met God. Op deze heilige plaats, Amritapuri, die voortdurend verlicht wordt door Moeders aanwezigheid, kan men een oneindige stroom van de hoogste liefde en de diepte van ware kennis ervaren. Het herinnert ons aan de gurukula's van de oude rishi's.

Moeder begon te spelen met een klein meisje dat nauwelijks twee jaar was en deel uitmaakte van het gezin dat op bezoek was. Het kleine meisje had een stuk snoepgoed in haar handen. Moeder strekte Haar rechterhand naar haar uit en zei: "Geef eens wat aan Amma." Het kind staarde lange tijd naar Moeder met een verwonderde blik in haar ogen. Plotseling keerde ze zich om en rende giechelend naar haar ouders. Moeder volgde haar, pakte haar op en droeg haar resoluut terug naar de plaats waar zij gezeten had. Het kind zat rustig op Moeders schoot. Nu opende Moeder Haar mond om aan te geven dat Ze iets van het snoepgoed wilde. Deze keer glimlachte het kind prachtig naar Moeder en bracht het snoepgoed vlak bij Moeders mond. Moeder wilde juist een hapje nemen toen het kind de snoep plotseling terugtrok, van Moeders schoot naar beneden klauterde en opnieuw wegrende. Dit veroorzaakte veel gelach. Moeder was hierdoor zeer geamuseerd en barstte in lachen uit. Een toegewijde merkte op: "Ze is net als U, Amma." Hij doelde op de Krishna Bhava als Moeder de toegewijden *prasad* voerde. Dit gebeurde op een speelse manier die herinnerde aan de streken die Krishna in zijn jeugdjaren uithaalde.

De Heilige Moeder was niet van plan het zo snel op te geven. Zij volgde het kind vastberaden, kreeg haar te pakken en bracht haar terug naar dezelfde plaats. Het leek alsof Moeder zelf een onschuldig kind was geworden. Het kleine meisje, dat opnieuw op Moeders schoot zat, genoot ook van het spel. Moeder opende opnieuw Haar mond omdat Ze wilde dat het kind Haar voerde. De ouders moedigden het kind aan: "Kunji (kleintje) geef wat aan Amma! Je houdt toch zoveel van Amma, nietwaar?"

Starend naar Moeders mooie gezicht, bracht het kind opnieuw het snoepgoed vlakbij Moeders mond. Zij stond op het punt haar hand terug te trekken en opnieuw weg te rennen, maar deze keer pakte Moeder haar handje beet en nam een klein hapje van het snoepgoed. Dit was teveel voor het kleine meisje. Ze begon te huilen en drukte haar woede en protest uit door het snoepgoed in Moeders schoot te gooien. Toen Moeder het onschuldig gedrag van het kind zag, barstte Ze opnieuw in lachen uit, gevolgd door het gelach van allen die aanwezig waren. Zelfs de ouders van het kindje moesten lachen. Dit maakte het kleine meisje nog meer aan het huilen. Zij protesteerde nog sterker door zich te laten vallen en over de grond te rollen. Moeder keek naar haar en zei:

"Ze voelt zich beetgenomen." Maar al snel pakte Moeder haar van de grond op en troostte haar. Ze vroeg Brahmacharini Gayatri nog een snoepje voor haar te halen. Het kind was blij een nieuw stuk snoep van Moeder te krijgen, maar ze wilde ook het eerste. Ze had nu twee stukken in haar handen. Het kind hield op met huilen toen ze op Moeders schoot zat. Iemand merkte op: "Het meisje wil het eerste snoepje niet opgeven omdat het Amma's prasad is." Toen de rust was weergekeerd, keek het kind opnieuw naar Moeders gezicht. Plotseling bracht ze beide stukjes snoep naar Moeders mond en gaf ze met heel haar hart aan Moeder. Ze hield haar kleine handjes op totdat Moeder Haar mond opende en een klein hapje van beide stukjes nam. Het kind wilde nog meer aan Moeder geven. Maar Moeder zei liefdevol: "Nee, nee, liefje! Dit is voor jou! Moeder heeft genoeg gehad." Moeder omhelsde en kuste het kleintje vol tederheid en terwijl Zij het kind op Haar schoot hield, begon Moeder *Chilanka Ketti* te zingen, alsof Zij een wiegelied zong.

O mijn Liefste met lotusogen,
bind Uw enkelbanden om en ren naar ons toe!
Kom dansend naar ons toe!
We zingen Uw Goddelijke Naam
terwijl we op zoek zijn naar Uw tedere voeten.

O Devaki's Zoon, Radha's eigen leven,
O Keśava, Hare, Madhava, [1]
die Putana geveld hebt, vernietiger van zonden,
kind van Gokula, ren naar ons toe!
O Herdersjongen, kom dansend naar ons toe!

U die Kamsa verslagen hebt,
die danste op de slang Kaliya,

---

[1] Namen van Krishna

15

O Keśava, Hare, Madhava,
vol liefde voor hen die toevlucht in U zoeken,
O Belichaming van Aum,
beschermer van hen die in gevaar zijn,
ren naar ons toe!

O Melodie van Gelukzaligheid, kom dansen!
O Beschermer van de Pandava's,
vernietiger van onze zonden,
O Keśava, Hare, Madhava,
beschermer van Arjuna,
vernietiger van onwetendheid,
O Keśava, Hare, Madhava,
O Nectar van de Gita, ren naar ons toe!
O Gelukzaligheid van het hart, kom dansen!

Het kleine meisje zat een tijdje rustig op Moeders schoot. Toen liet Moeder haar naar haar ouders gaan. Moeder ging op de grond liggen en rustte met Haar hoofd op Gayatri's schoot. Een brahmachari stelde Moeder een vraag: "Bijna alle kinderen huilen als ze geboren worden. Maar Amma, U glimlachte toen U in deze wereld kwam. Heeft dit een bepaalde betekenis?"

Moeder: "Een pasgeboren baby huilt gewoonlijk omdat deze wereld een vreemde plaats voor hem is. Na negen lange maanden in de schoot van de moeder te hebben doorgebracht, bevindt het kind zich plotseling in een nieuwe wereld. In de baarmoeder had het kind veel ongemak van de inwendige afvalstoffen, de warmte van het spijsverteringssysteem van de moeder en de voortdurende bewegingen van haar lichaamsprocessen. Het kind lijdt op deze manier negen maanden en negen dagen lang, voordat het door een pijnlijke persing en benauwend ongemak ter wereld komt. En dan ervaart het pasgeboren kind opnieuw ongemak veroorzaakt door de onbekende atmosferische druk en de vreemde omgeving.

Voor de baby is dit een vreemde, onbekende wereld. Daarom huilt hij uit pure wanhoop. Maar Amma vond de wereld niet vreemd toen Zij ter wereld kwam. Alles was zo volledig vertrouwd voor Haar, en wanneer je alles van de wereld weet kun je alleen maar glimlachen. Wanneer je het hele universum als een spel van het bewustzijn ziet, wat kun je dan anders dan glimlachen? Wanneer je het vermogen, de doordringende blik bezit om de Realiteit achter alle uiterlijke verschijnselen te zien, dan kun je alleen maar glimlachen. Je neemt dan alleen het onveranderlijke in de altijd veranderende buitenwereld waar. Je ziet niet de buitenste schil van het zaad, maar je ziet de hele potentiële boom in het zaad. Kortom, je neemt de Realiteit waar, de ware aard van alles. Wanneer je eenmaal in staat bent de Waarheid te zien, is er niets onbekend of vreemd voor je. Je bent vertrouwd met het hele universum en je glimlacht, niet zo af en toe, maar voortdurend. Je leven wordt één grote glimlach. Je glimlacht voortdurend naar alles, niet alleen in gelukkige tijden, maar ook tijdens ongelukkige momenten. Je glimlacht zelfs naar de dood. Dit is spiritualiteit. Spiritualiteit is een diepe en waarachtige glimlach naar alle situaties in het leven.

Wanneer voelen mensen zich verdrietig en wanhopig? Wanneer zij zich in vreemde situaties bevinden en niet weten wat ze moeten doen of waarheen ze moeten gaan. Wanneer zij zich hulpeloos voelen en er niemand is tot wie zij zich kunnen wenden. Wanneer ze geconfronteerd worden met mislukkingen, verlies, ziekte en dood. Deze gebeurtenissen brengen hen in een vreemde, hulpeloze toestand. Zij worden overmand door wanhoop en huilen omdat zij niets weten. Zij kennen geen enkele manier om hun situatie te boven te komen.

Maar een volmaakte ziel kent het geheime mysterie van het leven. Hij weet dat alles wat om hem heen gebeurt, slechts een spel van het bewustzijn is. Zijn blik kan doordringen voorbij de drie perioden van de tijd, en de Realiteit aanschouwen. Hij kent de Waarheid waaruit de hele wereld is voortgekomen. Hij kent het ware bestaan, de basis van de wereld. Hij weet waar alles heen beweegt en waar het uiteindelijk in opgaat. Deze kennis stelt hem in staat om naar alles van harte te glimlachen. De Volmaakte Ziel kan naar alles glimlachen omdat hij alwetend is.

Glimlachende ogen

Wanneer je alwetend bent, wanneer je blik door het verleden, het heden en de toekomst heen kan dringen, dan zullen ook je ogen glimlachen en niet alleen je lippen. Kijk naar de afbeelding van Kali die op Shiva's borst danst. Ondanks Haar woeste verschijning is er een glimlach in Haar ogen. Die glimlach is de glimlach van alwetendheid. Krishna's ogen glimlachten. Alle grote meesters hebben ogen die op een unieke wijze glimlachen. Wanneer je ogen het vermogen hebben door het oppervlak van het bestaan heen te dringen, dan zullen je ogen stralen van vreugde. Je ziet de waarheid, dat wat van binnen zit, en daarom glimlach je. Het uiterlijke oppervlak is een leugen. Maar nu kan het onechte oppervlak je niet meer bedriegen, omdat je de kunst geleerd hebt om dwars door alles heen te kijken en te zien. Je blik alleen is voldoende om de buitenkant te ontmaskeren als een dief en een leugenaar. Die verdwijnt dan en de Waarheid komt aan het licht. De betekenis van de glimlach is: 'Ik ken de Waarheid.' Het is een teken van volmaakte alwetendheid."

Aan het eind van het gesprek begon Moeder plotseling over de grond te rollen. De ashrambewoners die daar zaten, waren vertrouwd met Moeders vreemde stemmingen en zij maakten snel plaats voor Haar. Zij wisten dat Moeder niet wilde dat iemand Haar bij zulke gelegenheden aanraakte en dat Zij er de voorkeur aan gaf op de grond te liggen. Moeder lag met Haar ogen op de hemel gericht. Zij tilde Haar rechterhand op en hield hem in een goddelijke *mudra*. Zij maakte herhaaldelijk vreemde geluiden alsof Zij met iemand in een onbekende taal sprak. Moeder lag volkomen stil. Na een paar minuten sloot Zij Haar ogen en Haar gezicht lichtte op door een prachtige glimlach, die Haar hele gezicht deed stralen met een buitengewone glans. Moeder lag ongeveer tien minuten in deze houding. Toen uitte Zij Haar gebruikelijke mantra, "Shiva, Shiva." Ze stond op en liep naar de oude tempel. Nadat Ze de tempel in was gegaan, sloot Zij de deuren achter zich en bleef daar een half uur.

Een kneep en een liefkozing

De beschrijving die Moeder zojuist over zichzelf en Haar alwetendheid gaf, geeft ons een glimp van het enorme bewustzijn dat Moeder van Haar goddelijke aard had zelfs bij Haar geboorte. Het is een aangrijpende ervaring om deze grote waarheid uit Haar eigen mond te horen.

Moeders verklaring dat een Mahatma in staat is om de drie perioden van de tijd te doorgronden, doet denken aan een ervaring die een toegewijde had die voor de eerste keer bij Moeder kwam. De man die in Bangalore woonde, was samen met zijn vrouw naar Moeder gekomen. De lange rij van toegewijden bewoog zich langzaam naar Moeder, die zoals gebruikelijk Haar kinderen één voor één ontving. Toen hij aan de beurt was, gaf Moeder hem zonder een woord te zeggen een harde kneep. Hierover werd hij zo kwaad dat hij kookte van woede. Er was een reden voor zijn woede. Als kind had hij er een grote hekel aan als mensen hem knepen en protesteerde hij hevig wanneer hij door zijn ouders of leraren geknepen werd. Hij maakte zelfs ruzie met zijn leraren die hem soms knepen als lichte straf als hij zijn huiswerk niet gemaakt had. Hij zei tegen hen: "Als jullie willen kunnen jullie me met een stok slaan of me de klas uit sturen, maar knijp me nooit!" Toen hij die dag bij Moeder kwam en Zij hem kneep, maakte dat hem bijzonder kwaad. Maar voordat hij de kans kreeg te protesteren, legde Moeder zijn hoofd in Haar schoot. Toen hij in Haar schoot lag, streek Zij over zijn haar en kamde het zachtjes met Haar vingers. Deze ervaring raakte hem zo diep dat al zijn woede verdween en hij tranen kreeg van geluk. Deze gevoelens hadden ook een speciale reden. Hij had de gewoonte soms aan kleine kinderen te vragen om door zijn haren te strijken op precies dezelfde wijze als Moeder nu met Haar vingers deed. Hij hield daar zo van dat hij, wanneer hij in bed lag, de kinderen vroeg zachtjes met hun vingers zijn haar te kammen, zodat hij goed zou slapen. Omdat hij wist dat hij hier het meest van hield, duurde het niet lang voor hij zich realiseerde dat Moeder alwetend is. Toen Moeder hem eerst kneep en een moment later met Haar vingers zijn haar kamde, kreeg hij een plotselinge openbaring: "Hier is iemand die alles van me weet, die mijn voorkeur en afkeer kent en voor wie mijn leven een open boek is." Deze ervaring was alles wat hij nodig had om alles aan Haar voeten over te geven.

De toegewijde zei: "Toen Moeder mijn hoofd uit Haar schoot tilde, keek ik Haar in opperste verbazing aan. Zij glimlachte naar me en zei: 'Geknepen worden is wat je het meest haat, en je vindt het het fijnst als mensen door je haren strijken, niet?' Ik was er sterk van overtuigd dat, door me te knijpen en zo door mijn haren te strijken, Moeder me wilde zeggen: 'Zoon, Amma weet alles van je.' Ik was met stomheid geslagen en volkomen verrast. Hierna heb ik nooit meer aan Moeders alwetendheid getwijfeld."

Hoofdstuk 2

Relaties

Vandaag kwam Moeder vóór de bhajans naar beneden en zat aan de westkant van de tempel. Zij was al gauw omringd door de bewoners en enkele toegewijden die een gezinsleven leidden. Eén van hen, een bankdirecteur, stelde Moeder een vraag over relaties.

Moeder: "Een echte relatie kan zich alleen ontwikkelen als er een juist begrip is tussen man en vrouw, tussen vrienden of wie er ook betrokken is in één of andere relatie. Er zijn verschillende fasen in het leven. Het huwelijk is één zo'n fase en het is één van de belangrijkste die er zijn. Om een vervuld en vruchtbaar leven te kunnen leiden moet iemand die in de wereld leeft, dat wil zeggen die een gezinsleven leidt, door deze fase van het huwelijk gaan met zoveel liefde, intimiteit, zorg en betrokkenheid als mogelijk is. Als het huwelijksleven geleefd wordt met liefde en het juiste begrip, zal het helpen het vrouwelijke in de man en het mannelijke in de vrouw te doen ontwaken. Dit evenwicht kan beiden helpen het uiteindelijke doel van eeuwige vrijheid te bereiken.

Als een echtpaar de noodzakelijke stappen neemt en een poging doet om elkaars gevoelens te begrijpen en te respecteren, dan zullen zij in staat zijn hun leven in al zijn volheid te leven. Zij moeten bereid zijn elkaars fouten en zwakheden te vergeven en te vergeten. Het huwelijksleven kan een rijke leerschool zijn waar het echtpaar leert om kwaliteiten als geduld en nederigheid te ontwikkelen.

In de Indiase samenleving is dit gemakkelijker, omdat Indiase vrouwen toegefelijker van aard en minder agressief zijn. Het ego van de man wordt in toom gehouden door de nederigheid en het geduld van de vrouw. Hoewel de moderne samenleving in een snel tempo verandert, blijft de cultuur van de Indiase maatschappij in essentie onveranderd. Maar om een juist evenwicht en gevoel van harmonie in het huwelijksleven te bereiken, moeten de mannen proberen niet agressief of arrogant te zijn of om gewichtig te doen in de omgang met vrouwen. Zij moeten zich niet dominant gedragen. In India denken mannen vaak dat zij het recht hebben om over vrouwen de baas te spelen en dat een vrouw in geen enkel opzicht de meerdere van een man kan zijn. Dit is duidelijk een verkeerde houding, die ontstaat door een verkeerd begrip van de cultuur die de heiligen en wijzen van weleer hebben ingesteld.

Het moederschap, Gods wonderbaarlijke geschenk aan de vrouw

Men moet een vrouw respecteren en men moet rekening houden met haar gevoelens. Men moet haar moederlijke kwaliteiten erkennen en haar een hogere, welverdiende positie in de samenleving geven, samen met de man. Tegelijkertijd moet zij weten dat het grootste geschenk dat God haar gegeven heeft, het geschenk van het moederschap is, het recht om het leven te geven aan een kind en het op te voeden met de juiste zorg, liefde en tederheid. Het is een uniek geschenk en het is alleen aan haar gegeven. Om het leven te geven aan de grootste zielen op deze aarde, de goddelijke incarnaties, de grote leiders, filosofen en wetenschappers; om het leven te geven aan alle uitmuntende zielen en aan de hele mensheid, dit is één van de grootste zegeningen. Waarom heeft God deze wonderbaarlijke gift aan vrouwen gegeven? Omdat alleen zij in staat zijn kwaliteiten als liefde, mededogen, zorg en geduld in al hun volheid en schoonheid tot uitdrukking te brengen. Iedere vrouw moet dit weten en proberen de betekenis van deze zegening te begrijpen. Maar het lijkt erop dat vrouwen langzamerhand deze waarheid vergeten. Als zij deze fundamentele en onmisbare kwaliteit in zichzelf negeren, zal onze maatschappij ontwricht raken. Het is daarom van levensbelang dat vrouwen deze kwaliteit in zichzelf erkennen. Vooral in de westerse samenleving vergeten vrouwen hun vrouwelijke kwaliteiten. In naam van gelijkheid veronachtzamen veel vrouwen deze kostbare zegening die hen gegeven is. In het westen zijn vrouwen agressiever en minder toegeeflijk in tegenstelling tot de Indiase samenleving. Terwijl westerse vrouwen op alle gebieden van het leven hun achterstand op de mannen proberen weg te werken, realiseren ze zich niet dat ze een essentieel deel van hun aard opofferen. Het resultaat hiervan is totale chaos en verwarring, zowel in het uiterlijke als in het innerlijke leven. Amma zegt niet dat een vrouw niet dezelfde dingen kan doen als een man. Dat kan en moet ze wel. Vrouwen hebben een ongelooflijke innerlijke kracht, maar ze moet dat nooit ten koste van haar essentiële wezen laten gaan. Tegen de natuur ingaan werkt destructief. Het is gevaarlijk voor de persoon in kwestie en voor de maatschappij in zijn geheel.

In het westen zijn zowel mannen als vrouwen geneigd om agressief te zijn. Agressie is echter negatieve energie. Soms kan het nodig zijn in het leven, maar niet in relaties, niet in het huwelijksleven. Wanneer twee polen negatief zijn, wordt er slechts negatieve energie geproduceerd, wat resulteert in volledige disharmonie en ontwrichting.

In de westerse maatschappij proberen de man en de vrouw elkaar te overheersen. Zij geloven dat dit hun goed recht is. In de voortdurende strijd en onenigheid die daarop volgt, wordt de liefde en schoonheid van de relatie vernietigd.

Liefde is niet agressief, en het leven ook niet. Zij kunnen niet afgedwongen worden. Leven is liefde. Zonder het gevoel van liefde waardoor we het ware leven ervaren, wordt ons bestaan droog en leeg als een robot. Leven en liefde zijn onderling afhankelijk. Als er geen liefde is, negeer je het leven zelf."

Het huwelijksleven

Vraag: "Amma, waarom is er geen werkelijke liefde in het huwelijksleven? Wat is de oorzaak van de conflicten en de wrijvingen?"
Moeder: "Er is een ernstig gebrek aan begrip tussen man en vrouw. In de meeste gevallen doet het echtpaar zelfs geen poging elkaar te begrijpen. Voor de ontwikkeling van een ware relatie is een basisbegrip van de menselijke aard en van de aard van mannen en vrouwen, van het grootste belang. Een man moet weten hoe een vrouw werkelijk is en omgekeerd. Maar in plaats daarvan verblijven zij in twee geïsoleerde werelden, zonder enig raakvlak. Zij zijn als twee eilanden zonder enige verbinding, zelfs geen veerdienst.

Mannen zijn meer op het intellect gericht, terwijl vrouwen gewoonlijk meer emotioneel zijn. Zij bevinden zich in twee verschillende centra en langs twee evenwijdige lijnen. Er vindt geen echte ontmoeting plaats. Hoe kan er dan enige liefde tussen hen zijn? Als de een 'ja' zegt, zal de ander ongetwijfeld 'nee' zeggen. Je hoort nooit het harmonieuze samengaan van een eensgezind 'ja' of 'nee'. Ze moeten begrijpen en accepteren dat ze verschillend van aard zijn. En zowel de man als de vrouw moeten een bewuste poging doen om in contact te komen met de gevoelens van de ander, met het hart. Dan moeten ze met dit begrip als basis proberen hun problemen op te lossen. Ze moeten niet proberen om elkaar te overheersen. Ze moeten niet tegen elkaar zeggen: 'Ik zeg 'ja' en daarom moet jij ook 'ja' zeggen'. Men moet een dergelijke houding laten varen, want het leidt alleen tot woede en zelfs haat. De liefde in zo'n relatie zal erg oppervlakkig zijn. Als de kloof tussen deze twee centra, het intellect en de emoties (de geest), overbrugd kan worden, zal de zoete melodie van de liefde vanuit hun binnenste opwellen. Spiritualiteit is wat hen samenbrengt. Als je naar je voorouders kijkt, zul je zien dat er in hun huwelijksleven over het algemeen meer liefde was dan in de hedendaagse relaties. Er was veel meer liefde en harmonie in hun leven, omdat zij een beter begrip hadden van de spirituele principes en hun toepassing in het dagelijkse leven.

Amma heeft eens het volgende verhaal gehoord. Een getrouwde vrouw besloot dat ze een huisdier wilde hebben. Maar haar man was hierop tegen. Toen hij op een dag niet thuis was, ging zij naar de dierenwinkel en kocht een aapje. Haar man was natuurlijk kwaad toen hij thuiskwam en de aap in huis vond. Hij vroeg haar: 'Wat gaat dat beest eten?' 'Wat anders dan het voedsel dat wij eten?' antwoordde zij. 'En waar gaat hij slapen?' 'Waar anders dan in hetzelfde bed waar wij slapen?' was haar antwoord. 'Maar ben je niet bang voor de stank?' 'Nee. Maak je niet druk, als ik het de afgelopen twintig jaar heb kunnen verdragen, dan zal dit arme diertje het zeker ook kunnen verdragen.'"

Iedereen barstte in lachen uit toen Moeder het verhaal beëindigd had. Moeder vervolgde: "Het gebeurt heel zelden dat je een werkelijk liefdevolle relatie ziet. De liefde gaat bij een echtpaar meestal niet zo diep. Als één van hen 'ja' zegt, zal de ander zeker 'nee' zeggen. Kinderen, leer elkaars gevoelens te respecteren. Leer met liefde en aandacht te luisteren naar elkaars problemen. Als je naar je partner luistert, moet hij of zij kunnen voelen dat je echt geïnteresseerd bent en dat je oprecht wilt helpen. Je partner moet je zorg en betrokkenheid, je respect en bewondering voelen. We moeten de ander accepteren zoals hij is zonder enig voorbehoud. Toch zullen er zeker conflicten zijn. Er kunnen zich misverstanden en onenigheden voordoen. Maar daarna moet men in staat zijn te zeggen: 'Het spijt mij, vergeef me alsjeblieft. Ik heb het niet zo bedoeld.' Of je kunt zeggen: 'Ik hou van je en voel me oprecht bij je betrokken, twijfel daar nooit aan. Het spijt me. Ik had niet mogen zeggen wat ik gezegd heb. In mijn woede verloor ik mijn kalmte en onderscheidingsvermogen.' Zulke verzachtende woorden helpen gekwetste gevoelens te genezen. Door zo te spreken roep je een diep gevoel van liefde op, zelfs na een grote ruzie."

Moeder hield op en zei: "Balumon (Balu², mijn zoon), zing een lied." Brahmachari Śrikumar³ werd gevraagd het harmonium te brengen. Zij begonnen *Mauna Ghanamrita* te zingen. Moeder leunde met Haar hoofd tegen Brahmacharini Gayatri's schouder en luisterde naar de bhajan met Haar ogen half gesloten. De gelukzalige, stralende glimlach op Moeders gezicht maakte het duidelijk dat Zij zich naar binnen had gekeerd.

In het verblijf van ondoordringbare Stilte,
van eeuwige Schoonheid en Vrede,
waarin de geest van Gautama Buddha zich oploste,
in de straling die alle banden verbreekt,
op de oever van Gelukzaligheid
die buiten het bereik van iedere gedachte ligt...

In de Kennis die eeuwige harmonie schenkt,
een Verblijfplaats zonder begin en eind,
de Gelukzaligheid die men alleen kent wanneer
de bewegingen van de geest verstillen,
bij de Zetel van Macht,
het gebied van Volmaakt Bewustzijn...

Het Doel dat de zoete staat
van eeuwige non-dualiteit schenkt,
beschreven als 'Gij zijt Dat',

---

² Swami Amritaswarupananda
³ Swami Purnamritananda

dat is de plaats die ik verlang te bereiken;
maar ik kan dit alleen door Uw Genade.

Toen het lied afgelopen was, bleef Moeder met Haar hoofd tegen Gayatri's schouder aan leunen. Toen Zij na enige tijd bewoog en rechtop ging zitten, zei een toegewijde tegen Haar: "Amma, U sprak over relaties." Moeder ging toen verder met spreken.

Erken en bewonder de goede kwaliteiten in elkaar

"Kinderen, ieder normaal menselijk wezen heeft zowel goede als slechte eigenschappen. Probeer altijd de goede eigenschappen in elkaar te herkennen en te bewonderen. Wanneer je met anderen over je partner praat, probeer dan zijn of haar goede kwaliteiten te benadrukken. Spreek nooit over de zwakheden in het bijzijn van anderen. Wat jullie zwakheden ook zijn, dat moet een geheim blijven tussen jullie beiden. Jullie moeten je problemen samen oplossen met een positieve houding zonder elkaar te tarten en te kwetsen met beschuldigingen. In de eerste plaats moeten we ons bewust worden van onze eigen zwakheden, omdat dit de beste manier is om ze te verwijderen. Gebruik nooit de fouten van je partner als een wapen tegen hem of haar. Wanneer je op een slechte eigenschap wijst, doe het dan liefdevol en met de intentie om die op een positieve manier uit jullie leven te verwijderen. Deze zwakke kanten zijn belemmeringen die je ervan weerhouden om je volledig uit te drukken. Zie deze belemmeringen als obstakels en leer hen te verwijderen.

Onlangs sprak een toegewijde die in Bombay een ziekenhuis beheert, over een probleem dat ze daar hadden met de hygiëne. De meeste mensen in het noorden hebben de gewoonte om pan te kauwen. Pan is een brouwsel gemaakt van betelbladeren, aracanoten en andere ingrediënten. Het is hun gewoonte de pan te kauwen en dan zonder erbij na te denken, de felrode substantie uit te spugen waar ze toevallig staan. De vier hoeken van de ziekenhuisliften waren volgespat met het vuurrode spuug van de bezoekers. Het ziekenhuisbestuur belegde een vergadering waarin ze een oplossing voor dit probleem probeerden te vinden. Uiteindelijk besloten ze om in alle vier hoeken van de liften spiegels te installeren. Zodra ze deze maatregel hadden genomen, hielden de mensen op in de liften te spugen. Wat weerhield hen ervan te spugen? Dat kwam ongetwijfeld doordat ze zichzelf in de spiegel zagen terwijl ze spuugden. Toen ze eenmaal zagen hoe lelijk het was, konden ze er niet mee doorgaan. En dus hielden ze ermee op.

Probeer op dezelfde manier naar je eigen fouten te kijken en dan zul je ze onmiddellijk uitroeien. Door je eigen zwakheden en slechte gewoonten onder ogen te zien, word je je ervan bewust hoe lelijk ze zijn. Je zwakheden liggen verborgen in het duister, maar als je naar hen kijkt komen zij aan het licht.

Onze grote voorvaderen hebben ons prachtige voorbeelden gegeven hoe men anderen erkent en respecteert om hun goede eigenschappen. Eén van de *Ramayana's* beschrijft een mooie gebeurtenis waarin Heer Rama een onvergetelijk voorbeeld van nederigheid gaf door de grote opoffering van Urmila, de eerbare vrouw van Lakshmana, te erkennen. Lakshmana, Rama's broer, volgde hem naar de wildernis gedurende de periode van Rama's ballingschap. Urmila moest veertien jaar in Ayodhya doorbrengen en zij leed er verschrikkelijk onder gescheiden te zijn van haar man die zij aanbad. Rama had zijn heilige echtgenote, Sita, met zich meegenomen. Maar Lakshmana moest zijn vrouw in Ayodhya achterlaten. Urmila leidde een leven van grote zelfopoffering. Haar dagen en nachten bracht zij door in voortdurende herinnering aan haar echtgenoot. Op een dag, toen Rama uiteindelijk teruggekeerd was naar Ayodhya, zag men hem naar Urmila's privé vertrek gaan. Uit nieuwsgierigheid volgde Lakshmana hem en keek heimelijk wat de Heer deed. Wat Lakshmana zag deed hem letterlijk in tranen uitbarsten. Urmila lag in diepe slaap op haar bed. De Heer vouwde zijn handen samen in een gebaar van eerbied en liep driemaal rond het bed, waarna hij op de grond voor haar voeten neerknielde, net zoals mensen dit in tempels doen.

Later, toen Lakshmana Śri Rama vroeg om de betekenis van zijn daad uit te leggen, antwoordde de Heer: 'Urmila verdient het grootste respect en waardering. De grote opoffering die ze zich getroost heeft, verdient onze bewondering. Ik wilde haar hiervoor erkenning geven, maar zonder dat ze dat wist, omdat ze mij dit nooit zou toestaan wanneer ze wakker was geweest. Daarom ging ik naar haar toe toen ze sliep.'

Wij moeten ons zulke grote voorbeelden, die de Mahatma's ons gegeven hebben, herinneren en navolgen. Dit zal liefde, vrede en harmonie brengen zowel in ons innerlijke als in ons uiterlijke leven. Het zal alle valse noten in een relatie en in het huwelijk verwijderen. Mannen moeten nooit arrogant zijn of terughoudend in het erkennen van de goede kwaliteiten van een vrouw. Hun houding is erg verkeerd wanneer ze denken: 'Het is maar een vrouw.'

Kijk hoe betekenisloos moderne relaties zijn. Er is zelden enige ware liefde tussen een getrouwd stel. Ze beoordelen elkaar te veel en er is teveel angst en achterdocht om een liefdevolle relatie mogelijk te maken. Door gebrek aan liefde en het juiste begrip zijn de relaties oppervlakkig geworden.

Amma hoorde onlangs een grappig verhaal dat Ze zich nu herinnert. Twee jongemannen ontmoetten elkaar op straat. De een zei tegen de ander: 'Jij bent een geluksvogel! Je hebt een knap vriendinnetje gevonden. Vertel me eens, wat vindt ze van jou?' 'Ze vindt dat ik een geweldige persoonlijkheid heb, dat ik een begaafde zanger en een talentvolle schilder ben,' was het antwoord. 'En jij, wat trekt jou in haar aan?' 'Dat ze denkt dat ik een geweldige persoonlijkheid heb, dat ik een begaafde zanger en een talentvolle schilder ben.'"

Toen het gelach was bedaard, vroeg Moeder om een lied. Eén van de bezoekers zong het lied *Amritamayi Anandamayi.*

O Godin van Nectar,
Godin van Onsterfelijke Gelukzaligheid,
O Moeder Amritanandamayi,
O Godin van Nectar,
Godin van Eeuwige Gelukzaligheid...

O Moeder,
wanneer U de tranen van Uw kinderen ziet,
smelt Uw hart van verdriet.

O mededogende Moeder,
vol liefde streelt U Uw kinderen,
wanneer U hen voedt
met de melk van tederheid.

O Moeder, met de kleur van smaragd,
kom en verblijf in mijn hart!
Uw Lotusvoeten zijn de enige toevlucht
voor dit verloren kind.

U straalt van binnenuit
als het innerlijke oog van het uiterlijke oog.
U bent de Moeder van Kanna.
U bent de Moeder van het hele Universum,
de Godin van het Universum.

Het kenmerk van een ware relatie

Na het lied ging Moeder verder met het verhelderen van hetzelfde onderwerp aan Haar kinderen.

Vraag: "Wat zijn de kenmerken van een goede relatie?"

Moeder: "Het kenmerk van een goede relatie is dat twee mensen zich met elkaar identificeren. De intensiteit van liefde hangt af van de mate waarin twee mensen zich met elkaar identificeren. Stel dat iemand je vraagt: 'Van welke vriend hou je het meest, van a, b of c?' Misschien moet je er even over denken, of misschien zeg je spontaan: 'Ik hou het meest van a. Hij is mijn beste vriend.' Wat betekent het wanneer je zegt dat je het meeste van a houdt? Het betekent dat je je meer met a identificeert dan met b of c. Een ware relatie of echte liefde is gebaseerd op de mate van identificatie die je met iemand hebt. Het is echter niet iets wat gemeten kan worden, want het is een diep gevoel, iets wat van binnen plaatsvindt. Als de identificatie intenser wordt, dan manifesteert dat gevoel van eenheid zich ook aan de buitenkant. Je hart stroomt over van liefde en dit uit zich in je woorden en daden. In het uiterste geval zullen zelfs je lichamen op elkaar gaan lijken. Dit gebeurt zelden in wereldse relaties. In een spirituele relatie echter, gebeurt het op een duidelijke en diepgaande wijze. Het gebeurt bijvoorbeeld bij een leerling die zich volledig heeft overgegeven aan zijn spirituele meester en wiens hart vol liefde en devotie voor zijn meester is.

Dit is precies wat er gebeurde met de gopi's van Vrindavan. Door constant aan Śri Krishna te denken werden de gopi's net als Hij. In een bepaald stadium zeiden de gopi's tegen elkaar: 'Vriendin, kijk naar mij. Ik ben Krishna. Ik loop als Hij, nietwaar? Kun je de goddelijke fluit in mijn handen en de pauwenveer in mijn kroon niet zien?'

Amma kent een echtpaar dat dit gevoel van identificatie met elkaar heeft ontwikkeld. Zij zien eruit als een tweeling. Zelfs hun stemmen en bewegingen lijken op elkaar. Amma kent hen al lang. Zij zijn het ideale paar. De wederzijdse liefde, het respect, begrip, geduld en vergevingsgezindheid die er tussen hen bestaat, is buitengewoon. Het kan dus zelfs voorkomen in een wereldse relatie, in het huwelijksleven, mits je de juiste houding hebt.

Bij zo'n diepe liefde zullen zelfs je gedachtepatronen gelijk zijn. De man denkt bijvoorbeeld aan iets zonder er een woord over te zeggen. Toch is zijn vrouw zich op de één of andere manier hiervan bewust. Hij denkt aan iets en zijn vrouw zegt hetzelfde, of hij wil iets doen en plotseling uit zijn vrouw dezelfde wens. Het is zondag. Hij zit in zijn werkkamer en probeert te werken aan iets wat dringend af moet. Hij voelt zich toevallig erg moe maar hij kan geen dutje gaan doen, omdat het werk af moet zijn en de volgende dag bij zijn baas op zijn bureau moet liggen. Terwijl hij worstelt om zijn ogen open te houden, denkt hij bij zichzelf: 'Ik heb een kop sterke koffie nodig.' Maar hij wil zijn vrouw niet vragen om dat te maken, omdat hij weet dat zij bezig is met het klaarmaken van de middagmaaltijd. Het is niet zijn gewoonte om op die tijd van de dag koffie te drinken, maar tot zijn verbazing komt zijn vrouw even later de kamer binnen en geeft hem een kop koffie. Hij vraagt Haar: 'Hoe kon jij nou weten dat ik een kop koffie nodig had?' Ze glimlacht en zegt: 'Ik voelde gewoon dat je zin had in een kop, dat is alles.' Deze dingen gebeuren op bepaalde momenten in een relatie en zij kunnen ontwikkeld worden mits het echtpaar het juiste gevoel en begrip voor elkaar heeft. Het zal dan groeien en uiteindelijk in al hun gedachten en daden tot uitdrukking komen.

Als dit kan gebeuren in een normale relatie, in de Guru-sishya relatie is de identificatie of het gevoel van eenheid ongelofelijk veel sterker.

Gayatri had een ervaring die het waard is vermeld te worden. Op een keer was Amma buiten aan het werk met de ashrambewoners. Toen Amma later naar Haar kamer terugging, had Ze vieze handen. Amma wilde Haar handen wassen en vroeg Gayatri om zeep en water te brengen. Maar in plaats van Haar zeep en water te brengen begon Gayatri haar eigen handen onder de kraan in de badkamer te wassen. Lakshmi zag haar in de badkamer staan terwijl zij haar eigen handen waste, terwijl Amma op de zeep en het water wachtte. Lakshmi moest haar eraan herinneren dat Amma nog steeds wachtte om Haar handen te wassen. Toen Gayatri Lakshmi's woorden hoorde, kwam zij weer tot zichzelf. Zij realiseerde zich dat zij haar eigen handen waste in plaats van die van Amma en ze riep uit: 'O mijn God, ik dacht dat ik Moeders handen aan het wassen was.' Zij was helemaal verbluft en keek naar Amma met een schuldige blik. Maar Amma begreep wat er gebeurd was. Dit overkwam Gayatri op het moment dat zij in staat was zichzelf te vergeten. Maar de mogelijkheid die eenheid, die totale identificatie te ervaren, is altijd in ons aanwezig.

Een ware relatie is alleen mogelijk wanneer je in staat bent al je vooropgezette ideeën en vooroordelen te laten varen en ermee ophoudt je door het verleden te laten beheersen. Je geest is het verleden. Houd het verleden niet langer vast en je zult vrij en vredig zijn. Je vasthouden aan het verleden is leven in duisternis. We willen allemaal in het licht zijn. Houd ermee op tegen het verleden te vechten. Houd ermee op op het verleden te reageren en je zult in het licht zijn. Je zult dan in staat zijn alles wat in je omgaat, helder waar te nemen. Met zo'n heldere kijk is het mogelijk een ware relatie aan te gaan."

Terwijl Moeder sprak, ging de zon langzaam aan de westelijke horizon onder voor zijn gebruikelijke onderdompeling in de diepblauwe oceaan. Net zoals de zon onvermoeibaar en onzelfzuchtig werkt om het leven op aarde te ondersteunen, zo is Moeder als 'spirituele zon' voortdurend hard aan het werk om Haar kinderen te inspireren. Ze doet dit door Haar woorden vol wijsheid, Haar goddelijke aanwezigheid, Haar meedogende omhelzing en Haar verheffende bhajans. Zij raakt ieders hart door met Haar hele wezen uitdrukking te geven aan Haar ongeëvenaarde liefde en mededogen. Zij helpt iedereen zich volledig te openen en op hun beurt overal een zoete, goddelijke geur en schoonheid te verspreiden.

Toen Moeder Haar verhaal beëindigd had, stond Zij op en hield Haar armen uitgestrekt naar de hemel. Zij riep uit: "Shivane!" Enige tijd bleef Zij in deze houding met gesloten ogen staan en liep toen naar de tempel. Het was tijd voor de bhajans. Moeder was klaar om Haar kinderen mee te voeren op de vleugels van Haar extatische, melodieuze zang. In gelukzaligheid begon Moeder het lied *Anjana Śridhara* te zingen...

O Śridhara, met de kleur van collyrium,
ik groet U met gevouwen handen.
Dat Krishna mag zegevieren.
Ere aan Hem!

O Krishna, die op aarde geboren werd
als een Goddelijk Kind,
bescherm me overal en altijd.

O lieve Krishna,
vernietig alstublieft het verdriet in mijn hart.
O Herdersjongen,
Krishna met de lotusogen,
kom en straal in mijn hart!

O Krishna!
Ik ben vol van verlangen om de schoonheid van Uw
geliefde, gelukbrengende vorm te zien.
O Herdersjongen, ren naar me toe
en speel op Uw fluit!

Hoofdstuk 3

Het geheim van de schoonheid van een kind

Omdat de nieuwe tempel in aanbouw was, zag het ashramterrein er nogal rommelig uit. Moeder stond er echter op dat alle bakstenen, het zand en andere bouwmaterialen op een geordende manier opgeslagen werden. Telkens wanneer Moeder uit Haar kamer naar beneden kwam, nam Ze zelf het initiatief en begon het terrein op te ruimen. Voor Moeder was geen werk te min. Men kon Haar bakstenen en manden met zand op Haar hoofd zien dragen. Even later pakte Moeder een schop en begon manden met zand te vullen. Toen Moeder deze ochtend naar beneden kwam, vroeg Ze de ashrambewoners manden en werktuigen te brengen en begon Ze het terrein schoon te maken. Binnen een paar minuten stonden alle ashrambewoners klaar om te werken. Terwijl Moeder samen met hen werkte, zong Zij het lied Entu Chevo Yedu Chevo...

Helaas! Wat moet ik doen?
De Zoon van Nanda is nergens te vinden.
Is Hij vanochtend vroeg opgestaan
en is Hij naar het bos gegaan
om de koeien te laten grazen?

Of, O God!, heeft Hij Zijn benen gebroken
in een gevecht met de andere kinderen?
Of, misschien is hij heen en weer gerend
en is hij in een sloot gevallen...

Iedereen viel in en zong het refrein van het lied. Moeder gaf een volmaakt voorbeeld van werken als vorm van aanbidding. Het werk duurde meer dan een uur. Omdat Moeders aanwezigheid schoonheid en charme aan iedere situatie geeft, was er nu een atmosfeer van grote vreugde onder de deelnemers. Toen het opruimen klaar was, ging Moeder zitten, omringd door de ashrambewoners en andere toegewijden. Terwijl iedereen zich ontspande, stelde een bewoner een vraag: "Spirituele meesters over de hele wereld gebruiken het kleine kind als voorbeeld van de uiteindelijke staat van volmaaktheid. Wat is er zo bijzonder aan een kind in spiritueel opzicht?"

Moeder: "Kijk eens naar een kind. Een kind houdt zich helemaal niet bezig met het verleden of de toekomst. Wat het kind ook doet, wordt gedaan met totale inzet. Het kind is volledig aanwezig in wat hij ook doet. Hij kan iets niet half doen. Kinderen leven in het huidige moment. Daarom voelen mensen zich zo tot hen aangetrokken. Je kunt niet echt een hekel hebben aan een kind, omdat het lelijke van het ego in een kind niet aanwezig is.

Een kind kan de aandacht van iedereen naar zich toe trekken. Zelfs de meest harteloze persoon zal enige gevoelens hebben tegenover een kind, tenzij hij een demonisch monster is. Deze aantrekking komt door de onschuld van het kind. Wanneer je vrij bent van de greep van het ego, dan zul je zelf zo onschuldig en speels als een kind worden.

De meeste mensen staan met één been in het dode verleden en met het andere been in de toekomst, die niet echt is. De toekomst is een onwerkelijke droom die nog moet plaatsvinden. Je kunt er niet zeker van zijn dat het in jouw geval werkelijk plaats zal vinden. De toekomst is onzeker: misschien gebeurt het, misschien niet. Toch maken zelfs de meest intelligente mensen zich voortdurend zorgen over de toekomst of dromen erover. Of zij piekeren en proberen zich de dode fossielen van het verleden te herinneren.

Zowel het verleden als de toekomst moeten verdwijnen. Alleen dan ben je in staat in het nu te leven, want in dit moment ervaar je de realiteit. Dit moment alleen is echt. Het verleden en de toekomst zijn onecht.

Net zoals een kind volledig in het heden leeft, moet je wanneer je liefhebt, met je hele wezen in deze liefde aanwezig zijn zonder verdeeldheid of reserves. Doe niets halfslachtig, doe het volledig door in het huidige moment aanwezig te zijn. Tob niet over het verleden en klamp je er niet aan vast. Vergeet het verleden en hou ermee op over de toekomst te dromen. Druk je uit door volledig hier en nu aanwezig te zijn. Spijt over het verleden of angst voor de toekomst mogen de stroom niet belemmeren wanneer je je innerlijke gevoelens uitdrukt. Laat alles los en laat je hele wezen door je stemming stromen. Dat is precies wat een kind doet.

Een kind heeft geen gehechtheid aan het verleden en hij maakt zich ook geen zorgen over de toekomst. Wanneer een kind zegt: 'Mamma ik hou zoveel van je!', dan meent hij dat echt. Hij geeft hier door zijn kusjes, zijn blikken en liefkozingen met zijn hele wezen uitdrukking aan. Het kind herinnert zich het standje of het pak slaag van gisteren niet. Hij is ook niet van streek omdat het speelgoed dat hij zo graag wilde hebben, niet voor hem gekocht werd. En hij heeft geen zorgen over de dag van morgen. Hij houdt nergens aan vast. Het kind heeft eenvoudig lief en vergeet. Een kind kan nooit iets halfslachtig doen. Wanneer hij iets doet, is hij volledig aanwezig. Iets halfslachtig doen is alleen mogelijk wanneer er een ego is.

Wat een kind doet is niet gebonden aan herinneringen. Het kind ervaart het huidige moment, en of hij nu liefde of woede voelt, het wordt volledig geuit. Maar hij zal het snel vergeten en overgaan naar het volgende moment. De uitingen van een kind, of het nu woede of liefde betreft, worden nooit veroorzaakt door gehechtheid. Daarom heeft zelfs de woede van een kind een zekere schoonheid. Het is volkomen natuurlijk en spontaan. Wat spontaan, zonder tussenkomst van het ego geuit wordt, heeft een schoonheid en een charme in zichzelf. Maar je moet onschuldig zijn om zo spontaan te zijn. Daarom is zelfs de woede van een Mahatma mooi, omdat de Mahatma absoluut zuiver en onschuldig is. Zijn uitingen zijn spontaan, direct en volkomen natuurlijk. Hij reageert niet vanuit het verleden. Hij is eenvoudig, hier en nu, in dit moment.

De woede van een volwassene is lelijk. Niemand mag iemand die kwaad is. Maar de kwaadheid van een kind is anders. Wanneer een kind kwaad is, zal de vader, moeder of iemand anders hem in de armen nemen en hem omhelzen. Zij zullen het kind kussen en alles doen om hem tot bedaren te brengen. Terwijl de woede van een volwassene afkeer en woede van anderen opwekt, roept de woede van een kind slechts onze liefde en sympathie op. Het verschil komt doordat het ego aanwezig is in de volwassene, maar afwezig in het kind.

Je kunt alleen gehecht zijn als je een ego hebt. Het ego maakt je gehecht aan het verleden. Zolang de gehechtheid van het ego aan het verleden bestaat, kun je niets volledig uiten. Ieder woord en iedere daad van je zullen aangetast zijn door het ego. Het verleden kruipt in je omhoog en creëert een scherm tussen jou en alles wat je doet of zegt. Wat je wil uiten wordt eerst gefilterd door het scherm van het verleden. Zo is het kind of de onschuld van binnen volledig geblokkeerd. Een kind heeft geen ego, geen verleden of toekomst. Het kind heeft geen gehechtheden en is daarom in staat zich volledig te uiten, zonder enige vooroordelen of vooropgezette ideeën.

Werkelijke groei en volwassenheid

Volwassenen geloven dat ze, nu ze volwassen zijn, niet langer meer als kinderen mogen zijn en dat kinderlijke eigenschappen iets zijn waarvoor je je moet schamen. Maar wat er werkelijk volwassen is geworden in de volwassene, is het ego. Het lichaam, het intellect en het ego kunnen dan wel gegroeid zijn, maar het hart, ofwel essentiële eigenschappen als liefde en mededogen, ligt op zijn sterfbed. Mensen denken dat ze volgroeide volwassenen zijn geworden. Maar zijn zij werkelijk volwassen en volledig ontwikkeld? Het lichaam is veranderd van een kinderlichaam in een lichaam van een volwassene, maar de innerlijke persoonlijkheid is nog steeds onontwikkeld.

Als je je aan het verleden blijft vastklampen, kun je het geen volwassenheid noemen. Natuurlijk kun je mensen vinden met een zogenaamd volwassen ego, maar onder hen zul je geen werkelijk ontwikkeld mens vinden. Iemand met een rijp ego kan zich op een fatsoenlijke en verfijnde manier gedragen, maar hij spreekt en handelt nog steeds in het licht van zijn verleden. Zijn woorden en daden in het heden zijn geworteld in zijn ervaringen van het verleden. Hij heeft veel fouten gemaakt in het verleden. Hij heeft veel geleerd van al deze ervaringen. Als hij nu iets zegt of doet, is hij op zijn hoede om niet dezelfde fouten te herhalen en om niets verkeerds te zeggen. Uit ervaring weet hij namelijk dat dit problemen kan veroorzaken. Hij kiest zijn woorden dus zorgvuldig en handelt weloverwogen. Dit toont dat het verleden nog steeds in hem werkzaam is op een subtiele, verfijnde maar krachtige wijze. We kunnen dit volwassenheid noemen, intellectuele volwassenheid of volwassenheid van het ego, maar het is geen echte volwassenheid.

Echte, zuivere volwassenheid ontwikkelt zich wanneer je het ego loslaat en ermee ophoudt in het verleden te leven. Wanneer het innerlijke Zelf wordt toegestaan zich te uiten zonder gekleurd of onderbroken te worden door het ego, dan ontvouwt zich een spontane en zuivere volwassenheid."

Vraag: "Zegt Amma dat de groei en volwassenheid van de mensen, die als echt wordt beschouwd, helemaal niet echt is?"

Moeder: "Kinderen, het heeft zijn eigen werkelijkheid. Maar het is relatief. Amma vindt dat je alles op twee niveaus moet evalueren: op een werelds en een spiritueel niveau, vanaf het standpunt van het individu en vanuit een hoger perspectief, een universeel perspectief. Wat waar lijkt op een werelds niveau, hoeft niet echt te zijn op het spirituele niveau. De groei en volwassenheid die mensen in het algemeen als echt beschouwen, is niet noodzakelijk echt op een hoger niveau van bewustzijn. Dit betekent niet dat materiële groei nutteloos en onbelangrijk is. Het punt is dat de gemiddelde mens alleen bewezen feiten als echt en geldig beschouwt. Maar het onbekende, dat alleen gekend kan worden door geloof en constante spirituele oefening samen met een sterke vastberadenheid, is de hoogste Waarheid en Realiteit. Vanaf dat hoogste standpunt is deze wereld en alles wat erin gebeurt, slechts relatief. Neem bijvoorbeeld de dood van een individu. Voor zijn familie is het zeker een groot verlies, dat veel verdriet in hun leven brengt. Maar als je ernaar kijkt vanuit een andere hoek, sterven er iedere dag honderdduizenden mensen. Honderdduizenden vrouwen verliezen hun man, moeders verliezen hun kinderen en kinderen verliezen hun vader en moeder. Alles wat geboren is zal sterven. Dat is onvermijdelijk en onafwendbaar. Vanuit een universeel perspectief is de dood van een individu slechts iets relatiefs. Het is een zeer belangrijke en erg droevige gebeurtenis voor de familie van het individu, maar dat is niet zo op een hoger, universeel niveau.

Voor groei en volwassenheid geldt hetzelfde. Je moet het op deze beide niveaus evalueren. Vanuit het individuele standpunt is de groei van het lichaam en het intellect echt en noodzakelijk voor zijn bestaan in de wereld. Maar vanuit een universeel standpunt vindt werkelijke groei alleen plaats wanneer je je realiseert dat je *Purnam* (het Geheel) bent en niet een geïsoleerd wezen, een deel.

Uiterlijke groei, dat wil zeggen de groei van het lichaam, de geest en het intellect, heeft zeker zijn eigen waarde. Als je echter alleen maar uiterlijk groeit, dan groei je niet volledig. Zolang het oneindige vermogen van je innerlijke Zelf onaangesproken blijft, is je groei slechts relatief. Op het niveau van de uiteindelijke realiteit kunnen we alleen van werkelijke groei spreken wanneer het Zelf zich ontvouwt.

Volwassenheid van het ego is noodzakelijk voor de groei van een individu. Dit zal op zijn beurt de maatschappij in zekere mate ten goede komen. Maar werkelijke, innerlijke groei en volwassenheid ontstaan alleen als men het ego transcendeert en wanneer de persoonlijkheid als geheel groeit. Om werkelijke integrale groei te laten plaatsvinden, moet het innerlijke Zelf zich ontvouwen. Alleen dan komt er werkelijk verandering in je visie op het leven.

Nederigheid is de beste grond waarop het innerlijke Zelf zich kan ontvouwen. Ontwikkel je intellect maar blijf altijd nederig, dan zullen je intellect en volwassenheid vervolmaakt worden. Echt nederig zijn is neerbuigen, niet alleen met je lichaam maar met je gehele wezen. Je moet met je hele wezen voelen dat je niets bent, niet alleen voor de Meester of enkele uitverkoren zielen, maar voor de gehele schepping. Herken het hoogste bewustzijn van de Meester dat in en door alles schijnt.

Groei, maar laat je onschuld niet vernietigen. En blijf nederig onder alle omstandigheden terwijl je groeit. De groei van je lichaam mag het kind in je niet aantasten. Laat je intellect scherper worden, laat je geest meer helderheid en kracht krijgen, maar tegelijk met de ontwikkeling van deze vermogens moet je de gevoelens van het hart ook laten te groeien. Deze groei is volmaakte groei in de volmaakte verhouding. Het zal je helpen om onder alle mogelijke omstandigheden een gezonde en intelligente houding tegenover het leven te handhaven. Dit is werkelijk de fundamentele basis van het leven, die je in staat stelt een liefdevolle en intelligente relatie met alles en iedereen te ervaren."

Nadat Moeder was opgehouden met spreken, begon een toegewijde een lied te zingen: *Maha Kali Jagado Dharini*, een lied ter ere van de Godin Kali, dat hij zelf op melodie had gezet...

O Mahakali,
U onderhoudt het gehele universum
en U vernietigt het.
Schenkster van troost,
U bekoort mijn geest.
Ontwaak alstublieft en werp Uw blik op deze ziel.

U die verlossing in U draagt,
met een halsketting van doodskoppen,
Schenkster van gunsten,
Beschermster van de drie werelden,
Vernietigster van kwaad,
O Kali, U bekoort mijn geest.
Ontwaak alstublieft en werp Uw blik op deze ziel.

Brahma, Vishnu en Narada
vereren U voor altijd.
Shankara verblijft voor altijd aan Uw voeten.
U bent eeuwig zegevierend
en onaangeroerd door vasana's.
U bekoort mijn geest.
Ontwaak alstublieft en werp Uw blik op deze ziel.

Om half zes 's middags riep Moeder alle bewoners op om naar zee te komen. Tegen de tijd dat iedereen op het strand aankwam, was Moeder in diepe samadhi. Brahmacharini Gayatri zat een paar meter van Haar vandaan. De ashrambewoners gingen stil om Moeder heen zitten. Weldra zat iedereen te mediteren waarbij velen met open ogen mediteerden en naar Moeder staarden. Er kwamen reusachtige golven op uit de donkerblauwe oceaan alsof ze Moeder wilden omhelzen en verwelkomen. De golven leken te dansen in gelukzaligheid nu ze Moeder zo dichtbij zagen zitten op het strand.

Een uur later stond Moeder op en liep langzaam langs het strand. Het werd donker en er waaide een sterke bries vanuit de zee. Moeders witte sari en Haar krullende zwarte haar dansten in de wind. De golven schenen te wedijveren met elkaar om Moeders heilige voeten te omvatten en zich voor hen neer te buigen. Terwijl Moeder langzaam langs de rand van de oceaan liep, waren een paar golven zo gelukkig Haar voeten te omhelzen en te kussen. Daarna trokken zij zich vredig terug en versmolten weer met de zee. De andere golven zongen luid de heilige klank "Aum" en zij snelden naar de kust alsof zij ook hoopten Moeders heilige voeten te omhelzen.

In een diep geabsorbeerde spirituele stemming zong Moeder *Omkara Mengum*, toen Zij verder liep langs de kust, gevolgd door Haar kinderen.

> *De klank 'Om' trilt overal*
> *en weerklinkt in ieder atoom.*
> *Laten we met een vredige geest 'Om Shakti' zingen.*

> *De tranen van verdriet stromen over*
> *en nu is Moeder mijn enige steun.*
> *Zegen me met Uw mooie handen,*

want ik heb alle wereldse genoegens opgegeven
omdat ze vol verdriet en waardeloos zijn.

De angst voor de dood is verdwenen.
Het verlangen naar lichamelijke schoonheid
is er niet meer.
Ik moet voortdurend aan Uw vorm denken,
die schijnt in het Licht van Shiva.

Wanneer ik vol innerlijk licht ben,
dat me overspoelt en voor me schijnt,
en dronken ben van devotie,
zal ik opgaan in de schoonheid van Uw vorm.

Het liefst wil ik Uw vorm zien.
Alle bestaande lieftalligheid is gekristalliseerd
in de vorm van deze ongeëvenaarde Schoonheid.
Oh, nu zijn mijn tranen niet te stelpen...

Toen het lied eindigde, hield Moeder op met lopen en stond nog een paar seconden naar de westelijke horizon te staren. Toen keerde Zij zich om en liep terug naar de ashram, gevolgd door de anderen.

Hoofdstuk 4

Ja, ik ben Kali

Nog een paar mensen en de darshan zou voorbij zijn. Moeder beëindigde de darshan en was kort daarop in de eetzaal te vinden, waar Zij zelf het eten serveerde aan alle toegewijden. Als de meest liefdevolle en hartelijke moeder wachtte Zij totdat iedereen zijn maaltijd gekregen had, voordat Zij de eetzaal verliet. Juist toen Moeder op het punt stond te vertrekken, keerde Ze zich plotseling om en ging naar een bezoeker toe. Zij nam een balletje rijst dat hij op zijn bord apart had gehouden, en at dit zonder iets te zeggen op. Alsof hij door de bliksem getroffen was, verstijfde de man en staarde naar Moeders gezicht. Tranen welden op in zijn ogen en liepen over zijn wangen. Spoedig snikte hij onbeheersbaar en riep uit: "Kali! Kali!", terwijl hij neerviel aan Moeders voeten. Moeder streek over zijn hoofd en rug met een stralende glimlach vol mededogen. Zo bleef Moeder nog een paar minuten in de eetzaal, voordat Zij naar Haar kamer terugkeerde.

Later verklaarde de man, die uit Bengalen kwam, het mysterie van Moeders schijnbaar vreemde gedrag en zijn emotionele reactie. Hij was de vorige dag in Cochin geweest toen een vriend hem over Moeder vertelde. Als vurige aanbidder van Kali voelde hij zich sterk tot Haar aangetrokken. Zijn vriend had dringend werk te doen en zodoende kwam hij alleen naar de ashram om Moeder voor het eerst te ontmoeten. Hij ging naar Moeder in de hut en ontving Haar darshan. Later toen hij in de eetzaal zat met het eten voor zich dat Moeder zojuist had geserveerd, maakte hij een balletje rijst en hield dit apart op zijn bord met de gedachte: "Als Moeder Kali is, mijn geliefde Godin, die ik zo lang heb vereerd, zal Zij deze rijstbal komen opeten." En dit was wat er gebeurde.

Toen hij Moeder de eetzaal uit zag lopen, was hij ontzettend teleurgesteld. Maar een moment later stond Moeder voor hem en voordat hij wist wat er gebeurde, nam Moeder de rijstbal die hij voor Kali opzij had gelegd, en at hem op. De man zei: "Toen Moeder de rijstbal at, vertelde Zij me duidelijk: 'Ja, Ik ben Kali.' " Na dit incident verkeerde hij de hele de tijd dat hij in de ashram verbleef, in een goddelijke roes, totdat hij de volgende morgen naar Calcutta vertrok.

Ken het innerlijke Zelf om onzelfzuchtig te zijn

Deze avond kwam er een groep van toegewijde bezoekers om Moeders darshan te ontvangen. Moeder zat met hen achter de oude tempel.

Wanneer Moeder samen met Haar kinderen is, is Ze graag bereid om alle twijfels die zij misschien hebben, weg te nemen. Wanneer de toegewijden en brahmachari's in de buurt van Moeder zijn, komt hun onlesbare dorst naar ware kennis in spontane vragen tot uiting. Deze keer werd er een vraag gesteld door een vrouw die universitair docente was en die al lang een diepe devotie voor Moeder koesterde.

Vraag: "Amma, onzelfzuchtige liefde en onzelfzuchtig handelen worden beschouwd als een pad naar God. Maar hoe kun je liefhebben en onzelfzuchtig handelen wanneer je vol zit met oordelen en vooropgezette ideeën? Onzelfzuchtigheid lijkt mij meer een doel dat je moet bereiken dan iets wat beoefend kan worden. Amma, zou U dit wat kunnen verduidelijken?"

Moeder: "Onzelfzuchtig handelen is de uiterlijke expressie van onzelfzuchtige liefde. Wanneer het hart vol liefde is, uit het zich in onzelfzuchtig handelen. Het ene is een diep innerlijk gevoel en het andere de uiterlijke manifestatie hiervan. Zonder diepe, onvoorwaardelijke liefde kun je niet onzelfzuchtig handelen.

In de beginstadia zijn de handelingen die we verrichten in naam van onzelfzuchtigheid, niet onzelfzuchtig, omdat de liefde die we voor onszelf voelen, aanwezig is in alles wat we zeggen en doen. In feite is in het begin onze eigenliefde de motiverende kracht achter elk van onze handelingen, zelfs als wij ze onzelfzuchtig noemen. Liefde voor het ego of voor zichzelf is het meest domineerende gevoel in iedere mens. Werkelijke onzelfzuchtigheid kan pas opkomen als dit gevoel sterft.

Alertheid is noodzakelijk om het ego tegen te houden zich ermee te bemoeien. Het is veel makkelijker om van het ego te houden dan oprecht geïnspireerd te zijn door het ideaal van onzelfzuchtigheid. Meestal is de onzelfzuchtigheid waar we over spreken, in werkelijkheid egoïstisch, omdat alles wat we doen uit het ego voortkomt. Het ego en niet ons innerlijke Zelf is de bron van onze zogenaamde liefde en onze handelingen. Niets kan onzelfzuchtig zijn tenzij het direct uit het hart komt, uit ons ware Zelf. Daarom zeiden de grote heiligen en wijzen dat je je eigen Zelf moet kennen voordat je anderen onzelfzuchtig kan liefhebben en dienen. Wie anders kan het weten? Het komt er allemaal op neer dat je verliefd bent op je eigen ego en niets anders.

Onzelfzuchtigheid is het uiteindelijke doel dat bereikt moet worden. Iemand kan niet honderd procent onzelfzuchtig zijn zonder zijn vooropgezette ideeën en beoordelende houding los te laten. Je kunt echter onzelfzuchtigheid als je doel hebben, als ideaal en dan proberen het te bereiken met de juiste methoden die de meesters hebben aangeraden.

Er is een verhaal over een oude man die mangobomen aan het planten was. Toen zijn buurman zag wat hij aan het doen was, ging hij naar hem toe en zei: 'Denk je dat je lang genoeg zal leven om de mango's van deze bomen te kunnen proeven?' 'Nee, dat betwijfel ik', antwoordde de oude man. 'Waarom verspil je dan je tijd?', vroeg de buurman. De oude man glimlachte en zei:

'Mijn hele leven heb ik genoten van de mango's van bomen die door anderen zijn geplant. Dit is mijn manier om mijn dankbaarheid uit te drukken tegenover de mensen die die bomen geplant hebben.'

Onzelfzuchtigheid kan de motiverende kracht achter al je handelen zijn. Leer dankbaar te zijn tegenover iedereen, tegenover de hele schepping, zelfs tegenover je vijand en hen die je beledigen en kwaad op je worden, omdat zij je allemaal helpen groeien. Zij zijn spiegels, beelden van je eigen geest. Als je weet hoe je de beelden op de juiste manier moet lezen en interpreteren, dan kun je je bevrijden van je geest en zijn zwakheden.

Als je liefde en onzelfzuchtigheid als je doel kiest, moet je oplettend zijn. Houd je geest voortdurend in de gaten, want de geest laat je niets onzelfzuchtig doen. De geest wil niet dat je onzelfzuchtig bent. Zijn enige doel is je langs het pad van het egoïsme voort te drijven, omdat de geest egoïstisch is. Zolang je in de geest vertoeft kun je slechts egoïstisch zijn. Je moet vrij zijn van je geest om onzelfzuchtig te zijn."

Houd de geest in de gaten

Vraag: "Hoe bevrijd je je dan van de geest?"

Moeder: "Door op te letten en voortdurend bewust te zijn. Er was een man die regelmatig naar de ashram kwam. Hij leverde op iedereen kritiek en klaagde urenlang aan een stuk over hen. Hij had nooit een goed woord voor iemand over. Uiteindelijk zei Amma tegen hem: 'Zoon, je moet anderen niet zo belasteren. Iedereen heeft zijn zwakheden maar ook zijn goede kwaliteiten. Probeer het goede in iedereen te zien. Dat is de beste manier om goed te worden in woord en daad.' Hierna hield hij voor enige tijd zijn mond. Maar op een dag toen Amma met hem aan het praten

50

was, zei hij: 'Amma, weet U wat? Meneer D. zegt dat Meneer S. erg egoïstisch en onvriendelijk is.'

Op de een of andere manier blijft de geest zijn trucs uithalen. Toen Amma deze man vertelde dat hij anderen niet moest bekritiseren, kon hij uit respect voor Haar geen nee tegen Haar zeggen. Dus stemde hij er uiterlijk mee in. Maar diep van binnen verwierp hij het. Zijn geest kon eenvoudig niet accepteren dat hij moest veranderen, omdat dit zo'n diepgewortelde neiging in hem was. Zoals je ziet is de geest een uiterst listig en gemeen iets. Zijn geest wilde Amma's advies niet accepteren, maar tegelijkertijd wilde die een grote show geven, alleen om indruk te maken op anderen. Met kleine variaties en veranderingen bleef de geest zijn vuile spelletje spelen: 'Deze man zegt dat die man niet deugt.' Zie hoe de geest werkt!

Wees dus voorzichtig. Laat de geest je niet bedriegen. Eeuwenlang, leven na leven, heeft de geest zijn trucs uitgehaald en een dwaas van je gemaakt. Om te beginnen moet je begrijpen dat de geest een bedrieger is, een handige leugenaar. Hij weerhoudt je ervan je bewust te zijn van je ware natuur, het Zelf. Voortdurende alertheid zal deze leugenaar ervan weerhouden te liegen. Je moet zo oplettend zijn dat zelfs wanneer de geest door de achterdeur probeert binnen te sluipen, je je daar onmiddellijk bewust van bent. Er mag niets gebeuren zonder dat je daar kennis van hebt. Geen enkele gedachte of ademtocht mag ontsnappen zonder dat je je daar bewust van bent. Wanneer je eenmaal in staat bent waakzaam te blijven, moet je de geest goed in de gaten houden. De geest zal dan verdwijnen samen met de bedrieglijke valstrikken van het verleden.

Onzelfzuchtigheid is spontaan

Onzelfzuchtigheid is een toestand van volkomen spontaniteit, die ontstaat wanneer je eenmaal gevestigd bent in het Zelf. In het grote epos, de *Śrimad Bhagavatam*, is een verhaal over de heilige Samika. Dit verhaal geeft je een idee hoe spontaan onzelfzuchtigheid kan zijn. Koning Parikshit, Arjuna's kleinzoon, ging eens op jacht. Het was een lange en vermoeiende jacht en de koning werd uiteindelijk overmand door dorst. Hij ging alleen op zoek naar een plaats waar hij water kon krijgen. Uiteindelijk kwam hij bij het verblijf van de heilige Samika. De dorstige en uitgeputte koning liep het kluizenaarsverblijf binnen en riep luidkeels om water. Maar de heilige was in diepe samadhi, zich niet bewust van zijn omgeving. Toen Samika niet antwoordde op het herhaalde verzoek van de koning om water, werd de koning woedend. Hij voelde zich diep beledigd en verloor zijn onderscheidingsvermogen. Hij pakte met het uiteinde van zijn boog een dode slang op en wikkelde die rond Samika's nek. Hierna ging de koning weg. Maar enkele vriendjes van Samika's achtjarige zoon, Śringi, waren getuige van wat de koning gedaan had. Zij vertelden Śringi, die aan het spelen was op een nabijgelegen veld, wat er gebeurd was. Toen de jongen hoorde wat er gebeurd was, werd hij razend en sprak een vloek uit: 'Wie het ook gedurfd heeft mijn zuivere en heilige vader zoiets boosaardigs aan te doen, zal binnen zeven dagen gebeten worden door de verschrikkelijke slang Takshaka en zal daarbij de dood vinden.'

Vergeet niet dat deze jongen slechts acht jaar oud was, toen hij deze vloek uitsprak. Dit toont de geweldige wilskracht die de kinderen, die in de oude gurukula's opgevoed werden, in die dagen hadden. Deze kracht was de kracht van *dharma*.

Toen de wijze uit zijn samadhi kwam en over de vloek hoorde die over de koning was uitgesproken, was hij geschokt. Hij viel onmiddellijk op zijn knieën en bad 'O Heer! Mijn zoontje heeft in zijn onwetendheid de onvergeeflijke fout gemaakt een groot en rechtvaardig koning te vervloeken. Maak alstublieft de vloek ongedaan en red de koning van de dood!' Hij riep zijn zoon en zond hem naar het paleis van de koning om hem op de hoogte te stellen van de vloek en hem te verzoeken de noodzakelijke voorzorgsmaatregelen te treffen om te voorkomen dat de vloek zich zou voltrekken. De vloek kon echter niet ongedaan worden gemaakt. Maar Koning Parikshit werd gezegend door de vloek, want het stelde hem in staat om de grote wijze Śuka te ontmoeten, die hem de verhalen van de Śrimad Bhagavatam vertelde. Zo verkreeg koning Parikshit *Moksha* (Bevrijding).

Het verhaal toont aan hoe onzelfzuchtig en vergevingsgezind Samika was. Hij was helemaal niet geërgerd over het gebrek aan onderscheidingsvermogen van de koning. Hij voelde zich op geen enkele wijze uitgescholden of beledigd. Toen hij hoorde hoe de koning de dode slang rond zijn nek had gewikkeld, zei de wijze tegen zijn zoon: 'Je hebt de koning vervloekt zonder de ware toedracht te kennen. De koning was dorstig en uitgeput. In zijn wanhoop kon hij alleen aan water denken. Toen hij dit niet kon krijgen, verloor hij zijn kalmte en wikkelde de slang om mijn nek. Maar bovenal is hij de koning. Hoewel wij hier in dit afgelegen woud wonen, zijn wij evengoed zijn onderdanen. Hij beschermt ons en het is dankzij hem dat we hier veilig en ongestoord leven. Bovendien is de koning een grote aanbidder van de Heer. Door hem te vervloeken zul je de Genade van de Heer verliezen.'

Zo'n prachtige en spontane uiting van vergeving kan alleen uit het hart van een onzelfzuchtige ziel komen. Als je eenmaal gevestigd bent in het Zelf, ben je zonder ego en zal je onzelfzuchtigheid spontaan zijn."

Moeder kwam plotseling in een toestand van *bhava samadhi*. Er lag een stralende glimlach op Haar gezicht. Zij zat met Haar rechterhand in een mudra. Haar wijsvinger en pink waren uitgestrekt, terwijl de andere drie vingers samengevouwen waren. Geïnspireerd door Haar goddelijke vervoering zongen de brahmachari's *Kurirul Pole...*

Wie is dat toch met zo'n verschrikkelijke vorm,
donker als de donkerste nacht?

Wie is toch degene die zo wild danst
op dit slagveld besmeurd met bloed?
Als een boeket van blauwe bloemen
dansend in een vuurrood meer?

Wie is toch degene met drie ogen
flitsend als vuurballen?

Wie is toch degene met dikke, zwarte, wilde haren
golvend als donkere regenwolken?

Waarom beven de drie werelden
als Haar dansende voeten de aarde treffen?

O, deze schitterende jongedame
is de lieveling van Shiva, de Drager van de drietand!

Na het lied keerde Moeder terug tot Haar normale stemming. De universitaire docente was nieuwsgierig en wilde meer weten over de houding van onzelfzuchtigheid. Ze vroeg Moeder om verdere opheldering.

Moeder: "Voordat je Realisatie hebt bereikt, zal iedere handeling die je in de naam van onzelfzuchtige dienstverlening doet, bezoedeld zijn door egoïsme, omdat alles gefilterd wordt door je geest. Alleen die handelingen die direct vanuit het Zelf en vanuit het hart komen, kunnen onzelfzuchtig zijn. Maar wees niet ongerust. Als je vastbesloten bent en de juiste houding hebt, zul je uiteindelijk onzelfzuchtig worden.

Blijf in de wereld handelen met een onzelfzuchtige houding. In het begin moet je een bewuste poging doen om op het doel gericht te blijven. Je bewuste inspanning zal na verloop van tijd een onbewuste inspanning worden, en dit zal je naar de staat van volmaakte onzelfzuchtigheid leiden. Je onzelfzuchtigheid zal dan spontaan zijn. Maar nu moet je voortdurend op je hoede zijn. Zodra de geest storend werkt, moet je je hiervan bewust zijn. Schat de geest op zijn juiste waarde: een obstakel, de grootste vijand op je pad. Weet dat hij een leugenaar is. Negeer de lawaaierige geest en zijn gekwebbel.

Een medisch student is geen dokter. Er zijn jaren van geconcentreerde studie en voorbereiding voor nodig om een goede dokter te worden. Maar in de periode dat hij nog assisteert, noemen we hem soms dokter, ook al is hij nog niet afgestudeerd. Waarom? Omdat dit het doel is dat hij zal bereiken aan het einde van zijn studie. Alles wat hij doet, wordt gedaan als een voorbereiding op dat doel. Zijn doel is dokter te worden. Hij is zich hier voortdurend van bewust en doet iedere poging om dat uiteindelijke doel te bereiken. Hij ziet van iedere handeling of situatie af die een obstakel op zijn pad zou kunnen scheppen. Op dezelfde wijze is ons uiteindelijke doel onzelfzuchtigheid, maar we hebben het nog niet bereikt. We doen onze plicht en handelen met deze staat als ons doel. Hoewel onze handelingen nu niet onzelfzuchtig zijn, noemen we ze onzelfzuchtig net zoals we een medisch assistent een dokter noemen. Maar dit is nog steeds onze trainingsperiode en we hebben nog een lange weg te gaan voordat we er zijn. We moeten volkomen gericht zijn op het doel. We moeten alle onnodige gedachten vermijden en wanneer we handelen, moeten we ons niet hechten aan de handeling of het resultaat ervan. De handeling wordt nú verricht, op dit moment.

De handeling is het heden en het resultaat is de toekomst. Leef in het huidige moment. Leer te handelen zonder gehechtheid en negeer het resultaat in de toekomst. Deze houding zal je geest zuiveren van al zijn negativiteit en onzuiverheid. Het zal je langzaam verheffen tot de staat van onzelfzuchtige liefde en devotie. Het zal je uiteindelijk zelfs daarboven uittillen tot de uiteindelijke toestand van de Hoogste Kennis.

Je kunt je afvragen of wij mensen de mogelijkheid hebben deze staat van liefde en onzelfzuchtigheid te bereiken. Kinderen, de waarheid is dat alleen mensen de mogelijkheid hebben om die uiteindelijke staat te bereiken. Het hangt er echter van af hoe we denken en handelen. Deze wereld behoort ons toe. Het is aan ons of we er een hemel of een hel van maken. Alles in de natuur blijft precies zoals het is. Alleen de mens heeft het vermogen te kiezen en als hij de verkeerde weg kiest, gaat alles verkeerd. Hij kan zijn bed bestrooien met giftige doornen of met goddelijk geurende bloemen. Wat we helaas in de hele wereld zien, is dat de mens haastig zijn eigen sterfbed klaarmaakt. Bewust of onbewust bewegen de mensen zich verder af van het ware leven en komen ze dichter bij de dood. Hoewel onsterfelijkheid makkelijk binnen bereik is, wordt die genegeerd.

De waarheid is dat de dood onnatuurlijk voor ons is. De dood is alleen natuurlijk voor het lichaam, niet voor het Zelf, dat ons ware wezen is. Het is het leven, het levensprincipe, dat natuurlijk is. Verdriet is ook onnatuurlijk, terwijl vreugde onze natuurlijke staat is. Maar de mens schijnt er veel meer op gebrand te zijn de dood en het verdriet te omhelzen. Hij is vergeten hoe te glimlachen. Alleen wanneer je de vreugde van de Atman aanboort, zul je werkelijk in staat zijn om te glimlachen. Maar tegenwoordig ervaren wij weinig geluk van binnen, want ons hart is vol verdriet. Dit wordt weerspiegeld in ieder woord en in iedere gedachte of daad. Hoe zijn we deze onsterfelijkheid dan kwijtgeraakt? Kinderen, door twijfel en angst zijn wij de werkelijke vreugde en onsterfelijkheid kwijtgeraakt. We kunnen echter deze verloren, vergeten vreugde herwinnen als we maar een poging doen om onzelfzuchtig te zijn. Onze ware aard, onsterfelijkheid, kunnen we herontdekken door een houding van onzelfzuchtige liefde en onzelfzuchtig handelen.

Men heeft geen speciale training nodig om zich egoïstisch te gedragen, omdat dat nu eenmaal de overheersende neiging is in mensen. Terwijl de hele natuur, de vogels en de dieren, de bergen, de rivieren en de bomen, de zon, de maan en de sterren een typisch voorbeeld zijn van onzelfzuchtig dienen, is de mens de enige die handelt vanuit puur egoïsme en hebzucht. Hij verblijft in zijn ego en heeft zijn hele leven tot een goedkope zakelijke onderneming gemaakt. Voor de mens is het leven niet heilig meer. Er is alleen egoïstisch onderhandelen. Alles in het leven, het gehele universum, is een spel van het goddelijk bewustzijn, maar de mens heeft er een spel van het ego van gemaakt.

De negatieve geest

Als de mens egoïstisch wil zijn, hoeft hij dat niet te leren, omdat hij al egoïstisch is behalve wanneer hij in diepe slaap is. Zelfs zijn dromen zijn egoïstisch, want ze zijn de projecties van zijn egoïstische geest. Omdat de geest van nature negatief is, zijn de meeste dromen dat ook. De droomtoestand is een projectie van het verleden. Alleen als het verleden verdwijnt, kan er spirituele vooruitgang worden bereikt.

In de *Mahabharata* wordt een prachtig voorval aangehaald waarin Karna de negatieve en grillige aard van de geest beschrijft. Karna werd door iedereen gerespecteerd vanwege zijn vriendelijkheid en grote vrijgevigheid. Op een dag smeerde hij olie in zijn haar als voorbereiding op zijn bad. Op dat moment kwam Heer Krishna langs en vroeg Karna om hem de met juwelen bezette oliekom te schenken. Krishna wilde Karna testen, want Karna stond erom bekend dat hij zonder uitzondering onmiddellijk weggaf wat hem gevraagd werd. Hij gaf alles meteen weg. Toen Krishna de met juwelen bezette kom vroeg die Karna gebruikte, was Karna een beetje verrast. Hij zei: 'O mijn Heer, wat vreemd dat U zo'n onbeduidend ding nodig hebt. Maar wie ben ik om daarover te oordelen? Hier, neem het.' En omdat Karna's rechterhand vol met olie zat, gaf hij de kom met zijn linkerhand aan Krishna. Maar de Heer gaf Karna een uitbrander omdat hij het geschenk met zijn linkerhand aanbood. (In India biedt men nooit iets met zijn linkerhand aan, omdat die als onrein beschouwd wordt.)

'Vergeef mij, Heer!', zei Karna. 'Zoals U ziet, zit mijn rechterhand onder de olie. En ik was bang dat, als ik mijn handen zou gaan wassen, mijn onbetrouwbare geest in die tijd van gedachten zou veranderen en U niet langer de kom zou willen geven. Mijn grillige geest zou me dan beroven van deze prachtige kans, verkregen door de goddelijke Voorzienigheid, om U iets te geven. Daarom handelde ik onmiddellijk. Vergeef me alstublieft.'

Kinderen, dit is een goede beschrijving van de geest. Amma zegt niet dat je moet afzien van alle activiteit of moet ophouden liefde te tonen totdat je de staat van volmaaktheid bereikt hebt. Je moet doorgaan met je oprechte inspanning om lief te hebben en onzelfzuchtig te handelen. Maar Amma wil dat je je ervan bewust bent hoe subtiel het ego is. Als je niet voortdurend oplettend en bewust bent, zal het je bedriegen door via de achterdeur binnen te sluipen.

Kinderen, je kunt niemand helpen zonder er zelf baat bij te hebben en je kunt niemand kwaad doen zonder jezelf te schaden. Luister naar dit verhaal dat Amma onlangs hoorde. Een man kwam op straat een vriend tegen. Toen hij merkte dat zijn vriend in zichzelf liep te mopperen, vroeg hij: 'Wat is er gebeurd?

Waarom ben je zo van streek?' Zijn vriend zei: 'Die stomme taxi-chauffeur op de hoek slaat me iedere keer op mijn rug als ik hem tegenkom. Maar luister, ik heb besloten hem te laten zien waar het op staat!' Zijn vriend waarschuwde hem en zei: 'Zorg dat je niet in moeilijkheden komt.' Maar de mopperaar hield aan: 'Dit gaat te ver! Ik moet hem een lesje leren!' 'Oké,' zei zijn vriend, 'Wat ben je van plan?' 'Luister' zei de mopperaar, 'vandaag ga ik een staaf dynamiet in mijn jas verstoppen, daarna zal hij geen arm meer hebben om me te slaan.'"

Iedereen lachte toen Moeder het verhaal verteld had. Moeder vervolgde: "Kinderen, als we een onzelfzuchtige houding hebben, zal ons dat verheffen. Door anderen te helpen, helpen we in feite onszelf. Aan de andere kant schaden we onszelf iedere keer dat we egoïstisch handelen. Leer om iedereen te zegenen. Vervloek nooit iemand, want een mens is niet alleen een klomp vlees en bloed. Er is in iedereen bewustzijn aan het werk. Dat bewustzijn is niet een afgescheiden, geïsoleerd wezen. Het is deel van het geheel, de Hoogste Eenheid. Wat we ook doen wordt gereflecteerd in het Geheel, in de ene Universele Geest, en het keert naar je terug met dezelfde intensiteit. Steeds wanneer je een goede of slechte daad begaat, wordt dit gereflecteerd in het Universele Bewust-zijn. Daarom moet je leren onzelfzuchtig te zijn en leren hoe je iedereen zegeningen kunt toewensen. Bid voor iedereen want we hebben de steun en zegening van de hele schepping nodig voor onze ontwikkeling. Wanneer we bidden voor anderen, bidt het hele universum voor ons en wanneer we anderen zegenen, zegent het hele universum ons, omdat de mens één is met de kosmische energie.

Waarom vroeg Krishna de gehele bevolking van Vraja om de berg Govardhana[4] te aanbidden? Hij maakte van die dag van

---

[4] Een heilige berg bij Krishna's geboorteplaats. Er wordt verteld in de Śrimad Bhagavatam dat Hij de heuvel een week lang met zijn opgestoken

aanbidding een groot feest, hoewel hij niemands zegen nodig had. Hij deed het alleen om de mensheid te leren hoe men de zegeningen van de gehele schepping kan zoeken en verkrijgen."

Onze geliefde Moeder stelt hiervan zelf een voorbeeld. Voordat Moeder tijdens de inzegeningceremonie van een Brahmasthanam-tempel een godenbeeld installeert, verschijnt Zij beurtelings aan ieder van de vier deuren van de tempel en vraagt met gevouwen handen ieders toestemming met de volgende woorden: "De inwijding gaat nu plaatsvinden. Kinderen, al jullie zegeningen zijn nodig." Wanneer Moeder, die de oneindige macht van God in menselijke vorm is en die de gehele schepping met één enkele blik kan zegenen, de toestemming en zegeningen van Haar kinderen vraagt, is dat een uniek voorbeeld van nederigheid. Dit is een grote les voor ons allemaal hoe we de zegeningen van alles en iedereen dienen te zoeken, zelfs van het meest onbeduidende schepsel.

---

hand omhoog hield en de dorpelingen vroeg om eronder te schuilen voor een hevige regenbui.

Hoofdstuk 5

Na een programma in Kodungallor reden Moeder en de ashram-bewoners met de eigen bus terug naar de ashram. Toen de groep Alleppy bereikte, ging de bus plotseling kapot. Brahmachari Ramakrishnan, die achter het stuur zat, keek hulpeloos naar Moeder. Hij stapte uit en onderzocht de motor, maar kon geen duidelijk probleem vinden. Hij probeerde de bus opnieuw te starten maar er gebeurde niets. Hij vroeg Moeder of hij er een monteur bij moest roepen of dat ze een andere bus moesten huren. Maar Moeder zei niets. Ze glimlachte eenvoudig, stapte uit de bus en liep weg. Ramakrishnan bevond zich in een moeilijke situatie. Terwijl iedereen met Moeder wegliep, volgde hij ook in de hoop dat Zij hem enige aanwijzingen zou geven. Maar Moeder negeerde zijn vragen. Na een paar minuten kwamen zij bij het huis van meneer Sekhar. Zijn huis stond niet ver van de plaats waar de bus kapotgegaan was. Meneer Sekhar en zijn familie hadden diepe devotie voor Moeder en toen zij Haar zagen, waren zij buiten zichzelf van vreugde. Zij lachten en huilden tegelijkertijd. In paniek probeerden zij alles snel te organiseren om Moeder op de traditionele manier te ontvangen. Met tranen in hun ogen deden zij de pada puja voor Moeder en zongen enkele verzen uit de Devi Mahatmyam.

> *O Koningin van het Universum, U beschermt het*
> *universum. Als het Zelf van het universum ondersteunt*
> *U het universum. U bent de Godin waardig om vereerd*
> *te worden door de Heer van het universum. Zij die in*
> *devotie voor U buigen, worden zelf een toevlucht voor het*
> *universum.*

O Devi, wees zo goed ons altijd te vrijwaren van angst voor vijanden zoals U zonet hebt gedaan door het afslachten van de Asura's. En vernietig snel de zonden van alle werelden en de grote rampen die zijn voortgekomen uit de rijping van slechte voortekens.

O Devi, U die het leed van het universum wegneemt, wees genadig tegenover ons die voor U neer hebben gebogen. U, die het waardig bent vereerd te worden door de bewoners van de drie werelden, wees een schenkster van zegeningen voor de werelden.

De familie had lange tijd de wens gekoesterd dat Moeder hun huis zou bezoeken. Zij hadden gehoord dat Moeder na het programma in Kodungallor via Alleppy naar de ashram terug zou keren. Zij hoopten oprecht dat Moeder hun huis zou bezoeken. Sinds die ochtend hadden ze alleen over Moeder gesproken. Net voordat Moeder hun huis binnenstapte, zeiden meneer Sekhar en zijn vader tegen elkaar dat ze het betwijfelden of Moeder hun huis onuitgenodigd zou bezoeken. Een moment later stond Moeder voor de deur. Zij konden hun ogen niet geloven. Het was net een droom.

Na de pada-puja ging Moeder de huistempel binnen waar Ze de arati uitvoerde. Toen de arati over was, riep Moeder ieder familielid bij zich en sprak met hen individueel. Zij luisterde naar de verhalen van hun hartzeer en troostte hen vol genegenheid met Haar meedogende aanraking en Haar verzachtende woorden. Moeder bracht drie kwartier door bij de familie Sekhar.

Toen Moeder het huis verliet, stond er buiten een bedroefde en verwarde Ramakrishnan te wachten. Moeder liep terug naar de ashrambus zonder een woord te zeggen. Toen zij bij het voertuig kwamen, zei Ramakrishnan: "Amma, de bus is niet gemaakt."

Moeder stapte in de bus en zei: "Probeer hem opnieuw te starten." Ramakrishnan deed wat Moeder hem vroeg en draaide de contactsleutel om. De bus startte onmiddellijk en begon zonder problemen te rijden. Met een grote grijns op zijn gezicht keerde Ramakrishnan zich om, keek Moeder aan en zei: "Dat was dus weer een van Uw lila's!" Moeder had een ondeugende uitdrukking op Haar gezicht alsof Zij wilde zeggen: "Zoon, je hebt nog maar een glimp van deze oneindige lila gezien."

Je kunt het leven met Moeder vergelijken met een vliegtuig dat zich naar de plaats van opstijgen begeeft. Eerst rijdt het vliegtuig langzaam van de terminal naar de startbaan, dan beweegt het zich sneller en sneller over de startbaan totdat het uiteindelijk opstijgt. Als je leert om in de buurt van Moeder met een houding van liefde en overgave te leven, zal dit je zeker tot het punt van opstijgen brengen. In Moeders aanwezigheid blijf je niet dezelfde, je bent voortdurend innerlijk aan het veranderen. De oude patronen verdwijnen wanneer je steeds dieper doordringt in de nieuwe gebieden van je ware bestaan.

Op de terugweg naar de ashram bezocht Moeder nog twee huizen van toegewijden in Harippad. Om half acht 's avonds kwamen Moeder en de groep in de ashram aan. Een brahmachari, genaamd Anish[5], wachtte op Moeders terugkeer in de ashram. Hij volgde een vedanta-cursus bij een andere spirituele organisatie in Bombay. Dit was zijn eerste bezoek aan Moeders ashram. Moeder ging naast de oude tempel zitten en sprak met Anish terwijl de bewoners de avondbhajans zongen. Diegenen die met Moeder op reis waren geweest voegden zich bij de anderen voor de bhajans. Zij zongen allemaal Akalatta Kovilil...

In een afgelegen tempel
brandde voortdurend een vlam,

---

[5] Swami Amritagitananda

een baken voor hen die in het duister tasten.
Op deze wijze toonde Moeder Haar mededogen.

Toen ik op een dag langs dat pad zwierf,
wenkte de Stralende me met Haar hand.
Zij opende de heilige deur,
nam wat heilige as en streek het op mijn voorhoofd.

Zij zong de liederen van God
en maakte een slaapplaats voor me
met Haar eigen zachte handen.
Een nieuw soort droom kwam toen tot me
en openbaarde me de waarheid:
Waarom huil je?
Weet je dan niet dat je de heilige voeten
van de Heer hebt bereikt?

Ik ontwaakte met een zucht
en ik zag duidelijk dat Lotusgezicht.
Ik zag het zo duidelijk.

Liefde en vrijheid

Na de bhajans keek iedereen rustig naar Moeder, die aan de zuidkant van de tempel zat. Een brahmachari stelde spontaan een vraag: "Eeuwige vrijheid van iedere binding is het doel van de ware spirituele zoeker. Maar op de één of andere manier bestaat hierover een misverstand: dat het bereiken van eeuwige vrijheid en het pad van liefde en devotie twee verschillende dingen zijn. Amma wees zo vriendelijk dit te verduidelijken."

Moeder: "Liefde en vrijheid zijn niet twee verschillende dingen. Zij zijn één. Zij zijn van elkaar afhankelijk. Zonder liefde kan er geen vrijheid bestaan en zonder vrijheid is er geen liefde mogelijk. Eeuwige vrijheid kan alleen ontstaan wanneer al je negativiteit is verwijderd. Alleen in de toestand van liefde zal de prachtige, geurende bloem van vrijheid en opperste gelukzaligheid zijn blaadjes ontvouwen en tot bloei komen.

Er is een oud verhaal over een groep monniken die met hun meester in een klooster woonden. De monniken leidden een zeer toegewijd en gedisciplineerd leven. De plaats had zo'n prachtige, spirituele atmosfeer dat de mensen er van heinde en ver naar toe kwamen. Maar op een dag verliet de meester zijn lichaam. In het begin leefden de leerlingen verder zoals zij dat altijd gedaan hadden. Maar beetje bij beetje begonnen zij te verslappen, hun devotie en discipline verdwenen geleidelijk en het klooster verviel in een toestand van verwaarlozing. Er kwamen geen bezoekers meer en er waren geen nieuwe monniken die wilden intreden. Alle monniken waren zeer ontmoedigd. Zij ruzieden vaak met elkaar. Hun hart was gesloten en zij voelden niet langer enige liefde of devotie.

Op een dag besloot een oudere monnik dat er iets gedaan moest worden. Hij had over een spirituele meester gehoord die als kluizenaar in een nabijgelegen bos leefde. Hij verliet het klooster en ging hem opzoeken om om raad te vragen. Toen hij de meester gevonden had, vertelde hij hem over de verwaarloosde staat van het klooster en de hopeloze toestand die er heerste. De meester glimlachte en zei: 'Er is onder jullie een grote heilige, een ware incarnatie van God Zelf. De bewoners tonen hem geen liefde en respect en dat is de oorzaak van al jullie problemen. Maar de incarnatie van God leeft temidden van jullie in vermomming. Hij zal zijn ware identiteit niet onthullen.' Na dit gezegd te hebben sloot de meester zijn ogen en ging in samadhi. De monnik kon niet meer informatie uit hem krijgen.

Op de terugweg naar het klooster bleef de monnik zich afvragen wie van zijn broeders de incarnatie kon zijn. 'Zou het de monnik zijn die onze kleren wast?' dacht hij bij zichzelf. 'Nee, hij kan het niet zijn, want hij heeft een te humeurig karakter. Zou het de kok kunnen zijn?' vroeg hij zich af. 'Nee, het kan de kok niet zijn, want hij is veel te slordig in zijn werk en hij weet niet hoe hij een goede maaltijd moet koken.' Zo ging hij de hele lijst van monniken af, maar hij wees ze allemaal af omdat hij één of andere slechte kwaliteit in hen had gezien. Maar plotseling dacht hij bij zichzelf: 'Het moet één van de monniken zijn, want de meester heeft dat gezegd. Maar ik kan niet zien wie het is, want ik zie alleen de fouten in elk van hen. En wat als de heilige bewust fouten maakt om zich beter te vermommen?'

Zodra hij in het klooster terug was, vertelde hij zijn broeders het grote nieuws dat hij van de meester ontvangen had. Zij waren allemaal verbaasd en keken aandachtig naar elkaar en probeerden te ontdekken wie de goddelijke incarnatie kon zijn. Iedereen wist dat hij het zelf niet was. Maar toen zij rondkeken zagen zij alleen hun broeders, die zij zo goed kenden, met al hun fouten en zwakheden. Er ontstond een grote discussie onder hen over wie de Mahatma kon zijn. Uiteindelijk besloten ze een poging te doen elkaar te respecteren en vriendelijk en nederig tegenover elkaar te zijn. Want ze hadden geen idee wie de Mahatma in vermomming kon zijn en zij wilden tegenover een meester niet onbeleefd en arrogant zijn. Alle monniken waren het erover eens dat dit een uitstekend idee was. Vanaf dat moment begonnen zij elkaar heel anders te behandelen, met veel respect en vriendelijkheid, want zij wisten nooit of de monnik die voor hen stond de Mahatma was. En omdat zij erg hun best deden alleen het goede in elkaar te zien, begonnen ze veel van elkaar te houden. Omdat zij niet wisten wie van de monniken de Heilige kon zijn, konden zij zich alleen maar voorstellen dat zij hem in elk van hun broeders zagen. Door de liefde die hun harten vulde, viel de negativiteit die hen zolang in zijn greep had gehouden, van hen af. Zij begonnen langzamerhand de Heilige duidelijk waar te nemen, niet alleen in elkaar, maar overal, zelfs in zichzelf. En zij bereikten de toestand van eeuwige vrijheid. De atmosfeer in het klooster veranderde volkomen. De mensen begonnen het weer te bezoeken om de liefde en goddelijkheid die in de plaats aanwezig was, in zich op te nemen.

Dus kinderen, liefde en vrijheid zijn van elkaar afhankelijk. Volledige vrijheid van de slavernij van de geest en het ego zal van binnen een golf van liefde scheppen. Mensen zijn gebonden aan het verleden en de toekomst. Daarom is het zo moeilijk ware liefde in de wereld te vinden. Om werkelijk in staat te zijn lief te hebben, moeten zowel het verleden als de toekomst oplossen en verdwijnen. Dan zul je het huidige moment ervaren zoals het is. Terwijl je dit moment in een toestand van volledige openheid leeft, ga je over naar het volgende moment terwijl je in diezelfde toestand blijft. Wanneer je in het nu leeft, ben je volledig aanwezig. Het volgende moment doet er helemaal niet toe, het komt nooit in je gedachten op. Je maakt je nergens zorgen over, je hebt geen angsten of vooropgezette ideeën. Wanneer je overgaat naar het volgende moment, laat je op dezelfde manier het voorgaande los. Het verleden doet er niet meer toe. Je vergeet het. Niets kan je binden. Je bent voor altijd vrij. Om werkelijk in staat te zijn lief te hebben, moet je vrij van alles zijn. Maar tegelijkertijd geldt dat als je volledig vrij wilt zijn, je liefde in je hart moet hebben. Als je vol woede, angst of jaloezie bent, zul je een slaaf zijn van deze emoties. Wat je ook denkt, doet of zegt, zal gekleurd zijn door de negativiteit in je. Hoe kun je vrij zijn, wanneer je gebonden bent door spijt over het verleden en zorgen over de toekomst? Als je in naam van vrijheid de wereld probeert te ontvluchten en naar een grot in de Himalaya's of een of andere verlaten plek te gaan, zal dit je alleen maar moeilijkheden geven. Je geest zal zich spoedig eenzaam voelen. En wat gebeurt er als je in de greep van eenzaamheid bent? Je kwijnt weg en begint te dromen en te piekeren. Alleen wanneer we leren iedereen en alles lief te hebben, kunnen we werkelijk vrij zijn. Slechts dan zal de nacht van onwetendheid ten einde komen en de dag van de Hoogste Realisatie aanbreken.

Amma heeft een verhaal gehoord. Een spirituele meester vroeg eens aan zijn leerlingen: 'Hoe weet je dat de nacht geëindigd is en de dag begonnen?' Eén leerling antwoordde: 'Wanneer je iemand op een afstand kunt zien en kunt zeggen of het een man of een vrouw is.' Maar de meester schudde zijn hoofd bij dit antwoord. Een andere leerling zei: 'Wanneer je een boom op een afstand ziet en kunt zeggen of het een mangoboom of een appelboom is.' Maar dit antwoord was ook niet goed. De leerlingen waren nieuwsgierig en verzochten de meester om opheldering en om het juiste antwoord te geven. De meester glimlachte en zei: 'Wanneer je in iedere man je broer ziet en in iedere vrouw je zuster, dan is de nacht geëindigd en de dag aangebroken. Tot dan is het nog nacht en leef je in het donker, zelfs al verlicht de zon de aarde 's middags in zijn hoogste stand.

Kinderen dit is een goed verhaal om te onthouden. Alleen wanneer je leert iedereen op dezelfde wijze lief te hebben, zal ware vrijheid ontstaan. Tot dan ben je gebonden. Je bent de slaaf van je geest en je ego. Om vrij te zijn moet je dus liefhebben. Maar om in staat te zijn onzelfzuchtig lief te hebben, moet je ook vrij zijn van alles wat je bindt, zowel lichamelijk als geestelijk."

Leef volgens je eigen dharma

Een bezoeker stelde een vraag: "Amma, wij zijn mensen met een gezin. Wij moeten in de wereld werken om in ons levensonderhoud te voorzien en ons gezin te beschermen. Moeten we een bepaald soort werk kiezen om deze liefde en vrijheid te ervaren?"

Moeder: "Kinderen, blijf waar je bent en doe je plicht met liefde en toewijding. Als je getrouwd bent en deel uitmaakt van de samenleving, loop dan niet weg. Geef je werk en je verantwoordelijkheden als echtgenoot of echtgenote en ouder niet op. Denk niet dat God je alleen zal accepteren als je al je verplichtingen opgeeft en okerkleurige kleren draagt. Nee, zo is het niet. Blijf dezelfde kleding dragen, vervul je plichten, blijf bij je gezin en doe je werk. Maar leer tegelijkertijd in je ware Zelf te leven. Dat is de belangrijkste kunst die we moeten leren. We leren van alles, maar nooit de kunst om in ons Zelf te verblijven.

We moeten proberen te leven volgens ons eigen dharma. We moeten nooit proberen de dharma van iemand anders over te nemen. Dat zou net zo gevaarlijk zijn als een tandarts die zich als cardioloog uit zou geven en iemand met een hartkwaal zou behandelen. Het zou zowel voor hemzelf als zijn patiënten gevaarlijk zijn, als hij probeert iets te doen waarvoor hij niet opgeleid is. Het is wel duidelijk dat de tandarts bij zijn eigen werk moet blijven. Hij heeft genoeg te doen op zijn eigen gebied. Door ijverig iedere handeling met een houding van liefde, toewijding en overgave te doen, kan hij volmaaktheid bereiken."

Een toegewijde merkte op: "In de *Srimad Bhagavad Gita* staat: 'Het is beter te sterven wanneer men zijn eigen plicht volbrengt. De plicht van een ander is vol gevaar.'" (Hoofdstuk 3, vers 35).

Moeder glimlachte en vervolgde: "Men kan niet leven zonder op één of andere manier actief te zijn, lichamelijk, geestelijk of intellectueel. Iedereen is voortdurend verwikkeld in één of andere vorm van activiteit. Dit is een onveranderlijke natuurwet. Niemand wordt van de ene dag op de andere zuiver en onzelfzuchtig. Het vergt tijd en geconcentreerde inspanning samen met een enorm geduld en liefde. Doe je werkzaamheden in de wereld zonder te vergeten dat je uiteindelijke doel in het leven is om alle banden en beperkingen te verbreken. Herinner je altijd dat je een hoger doel moet bereiken. Doe eenvoudig wat er gedaan moet worden, maar mis tegelijkertijd geen gelegenheid om onzelfzuchtig werk te doen. Je zult dan gaandeweg geestelijke zuiverheid en devotie verkrijgen. Als je vol ijver doorgaat, zul je meer helderheid van geest en een dieper inzicht verkrijgen. Dit zal je uiteindelijk tot de staat van volmaaktheid, de staat van Zelfrealisatie leiden.

Elke handeling die je met de juiste houding, het juiste begrip en onderscheidingsvermogen doet, zal je dichter bij bevrijding brengen. Als je echter dezelfde handeling doet zonder de juiste houding, dan zal het je binden. Een handeling kan ofwel dienen als een zuivering die je uiteindelijk zal helpen je goddelijke natuur te realiseren. Of hij kan meer en meer negativiteit toevoegen aan de al bestaande hoeveelheid, wat je tenslotte enorm veel lijden zal veroorzaken.

Wanneer je iets doet, probeer dan bewust te zijn. Als je voortdurend alert bent, zul je langzaam de onnodige last van negatieve gedachten die je met je meedraagt, opmerken. Waakzaamheid helpt je alle lasten los te laten en vrij te zijn.

Niets mag gebeuren zonder dat je het weet. Geen enkele gedachte mag opkomen zonder je daarvan bewust te zijn. Houd de geest en zijn verschillende stemmingen nauwlettend in het oog. Als je bewust observeert, dan kun je duidelijk zien wat er in je gebeurt. Als je goed oplet wanneer woede opkomt, kan het niet ontsnappen zonder dat je er weet van hebt. Maar observatie alleen is niet voldoende. Probeer de diepere oorzaak van een bepaalde stemming zoals woede te achterhalen."

Hoe kun je woede opsporen en verwijderen?

Vraag: "Amma hoe kan men de oorzaak van woede opsporen en bij de wortel uitroeien?"

Moeder: "Er is iets wat deze woede heeft veroorzaakt. Er moet een diepere oorzaak zijn die de woede oproept. Die oorzaak is onzichtbaar. Je moet naar die onzichtbare oorzaak in jezelf zoeken. De woede ligt aan de oppervlakte. Daarom kun je die door nauwkeurige introspectie zien. Maar nu moet je naar de diepere oorzaak zoeken, die verborgen ligt in je onderbewustzijn, diep onder het oppervlak van de geest. Alleen door deze oorzaak weg te nemen kun je de woede, die alle onrust aan de oppervlakte veroorzaakt, vernietigen.

Je kunt de woede aan de oppervlakte van de geest vergelijken met een boom. De oorzaak van de woede is als de onzichtbare wortel van de boom, die verborgen onder de aarde ligt. Alle kracht van de boom komt voort uit de wortel. Als je de boom wilt verwijderen, hoef je hem maar te ontwortelen. Als de wortel eenmaal is vernietigd, zal de boom vanzelf sterven. Op dezelfde manier moet je, wanneer je je eenmaal bewust wordt van de negativiteit in je, door introspectie zoeken naar de wortel van deze negativiteit. Net zoals de boom bestaat dankzij zijn wortels, bestaat elke vorm van negativiteit in je dankzij zijn krachtige oorzaak die diep in de geest ligt. Onderzoek dit en vind die diepere oorzaak. Als je de oorzaak achter de negativiteit ontdekt, verdwijnt hij en zal nooit meer terugkomen. Dit is alleen mogelijk door waakzaam te zijn.

Wanneer je alert bent, kun je niet de verkeerde richting ingaan of iets onrechtvaardigs doen. Voortdurende alertheid maakt je zo zuiver dat je tenslotte zelf de belichaming van Zuiverheid wordt en dat is je ware wezen. Wanneer je eenmaal deze hoogste staat bereikt, worden al je intenties, woorden en handelingen zuiver. De last van onzuiverheid is er dan niet meer. Het licht van zuiverheid is alles wat bestaat. Je neemt dan alles als Zuiver Bewustzijn waar. Dit betekent dat je alles als gelijkwaardig ziet. Uiterlijke verschijningen zijn dan niet meer belangrijk, want je hebt de bekwaamheid ontwikkeld om diep door te dringen en om alles te doorzien. Materie, die altijd aan verandering onderhevig is, verliest zijn belang. In alles zie je slechts de onveranderlijke Atman (Zelf).”

Moeder sloot Haar ogen en begon *Shantamayi Orukatte* te zingen...

Laat de rivier van het leven vrolijk voortstromen
om tenslotte uit te monden
in de oneindige oceaan van Stilte,
om op te gaan in de oceaan van Sat Chit Ananda.

Het zeewater verdampt
en komt samen in zware wolken,
die hun regen dan weer uitstorten
om stromende rivieren te worden
die zich haasten om zich te ledigen in de oceaan.

Onze ervaringen, hoe gevarieerd ook,
hebben een doel in het Goddelijke Spel.
Ons leven, dat via bochtige wegen verloopt,
wordt geleid door een drang
om zichzelf te verliezen en vervulling te vinden
in het Grote Mysterie, het Goddelijke.

De Rivier van het Leven stroomt zo alsmaar door
en verdiept zijn ervaring en wijsheid.
Laat hem vloeiend voortgaan, zonder hapering,
naar de uiteindelijke ontmoeting met zijn Heer.

Moeder is de belichaming van de Hoogste Zuiverheid en Liefde. In Haar aanwezigheid vindt zuivering moeiteloos plaats. In deze Zuiverheid wordt het gehele universum weerspiegeld en wordt de kosmische energie ervaren. Aan dit Hoogste Licht, Zuiverheid en Liefde kunnen we onszelf aanbieden en we zullen in ruil daarvoor worden gezuiverd. Moeder zal blij onze onzuiverheid accepteren in ruil voor de zuiverheid en liefde die Zij ons geeft. Benader Haar met het gebed: "O Moeder, hier is Uw kind! Ik kan U niets anders aanbieden dan mijn onzuiverheid. U, die ons alles schenkt, aanvaard mijn leven. Zuiver me en laat mij voor altijd een zuiver instrument voor U zijn."

Vraag je af: waarom kan ik niet gewoon glimlachen en gelukkig zijn?

Een Amerikaanse toegewijde zei tegen Moeder: "Amma, mijn verleden hindert me vreselijk. Is er geen manier om hieraan te ontsnappen? U zegt me te glimlachen, maar ik kan niet glimlachen. Ik voel me zo gespannen en angstig. Wat kan ik doen om hier overheen te komen en te gaan glimlachen, zoals U me aanraadt?"

Moeder: "Dochter, zolang je de last van je verleden met je meedraagt, kun je niet oprecht glimlachen. Je moet je de vraag stellen: 'Waarom ben ik bedroefd? Waarom kan in niet gewoon glimlachen en gelukkig zijn?'

Kijk naar de schoonheid en volmaaktheid van de natuur. Alles in de natuur is zo blijmoedig, ook al heeft het niet de intelligentie van een mens. De hele schepping is vol vreugde. De mooiste bloemen worden door mensen geplukt, van hun stengels afgerukt. Sommigen worden in bloemenkransen verwerkt, terwijl andere achteloos vertrapt worden. Een bloem heeft maar zo'n kort leven en toch geeft hij zichzelf met heel zijn hart aan anderen. Hij geeft zelfs zijn eigen nectar aan de bijen, en toch is hij gelukkig. De sterren fonkelen aan de hemel, de rivieren stromen blijmoedig, de takken van de bomen dansen in de wind en de vogels zingen er lustig op los. Je moet je afvragen: 'Waarom voel ik me dan zo ellendig terwijl ik temidden van dit vreugdevolle feest leef?' Stel herhaaldelijk de vraag 'Waarom?' en je zult het antwoord vinden. Het antwoord is dat de bloemen, sterren, rivieren, bomen en vogels geen ego hebben. Omdat ze zonder ego zijn, kan niets hen pijn doen. Wanneer je zonder ego bent, kun je je alleen maar verheugen. Zelfs gebeurtenissen die normaal gesproken pijnlijk zijn, worden getransformeerd tot momenten van geluk.

Maar jammer genoeg heb je een ego en mensen hebben je vaak gekwetst. Er is een berg van gekwetste gevoelens in je. Je individualiteit, je ego is gekwetst. Al deze wonden verkeren in een slechte staat: pus en bloed sijpelen naar buiten. Het is verbazingwekkend dat je in deze toestand verkiest te leven, zonder een effectieve geneeswijze te zoeken.

Zoals eerder gezegd is de beste geneeswijze het nauwkeurig observeren van de geest. Dit zal de verborgen oorzaak van je lijden aan het licht brengen. Het ego is de oorzaak, de onzichtbare wortel. Het onzichtbare, maar machtige ego moet ontmaskerd worden. Gewoon door het te ontmaskeren verdwijnt het ego met de woorden: 'Ik heb hier niets te doen, dus vaarwel. Ik zal je nooit meer terugzien.' Het zal niet zeggen: 'Tot ziens.' Het ontmaskeren van het ego staat gelijk aan zijn vernietiging. Het is als het ontmaskeren van een dief in zijn schuilplaats.

Laat alle spijt over het verleden los en ontspan je. Ontspanning zal je helpen meer kracht en vitaliteit te krijgen. Ontspanning is een techniek waardoor je een glimp van je ware natuur kunt opvangen, de oneindige krachtbron van je bestaan. Leer je te ontspannen in tijden van stress en spanning. Leer afstand te nemen en getuige te zijn van de negatieve gedachten, gekwetste gevoelens en mentale kwellingen waar je doorheengaat. Wanneer dit gebeurt, trek dan je medewerking en betrokkenheid bij de stress en pijn in. Wanneer je deze techniek eenmaal hebt geleerd, zul je je realiseren dat de spanning, de lasten en de negativiteit die je met je meedraagt, tot de geest behoren. Ze behoren niet tot het innerlijke Zelf, je ware wezen.

In het begin ervaar je misschien geen totale ontspanning. Je ervaart aanvankelijk misschien slechts een klein beetje. Maar wanneer je er eenmaal van geproefd hebt, raak je geïnteresseerd. Het is een prachtige ervaring waar je van geniet. Je wil het steeds opnieuw ervaren, in altijd toenemende mate. Als je de techniek om in die stemming te raken leert, wil je ontzettend graag in die toestand blijven, omdat je een ogenblik in staat bent om alles te vergeten. Een paar seconden heb je werkelijke vrede en vreugde ervaren en je kunt deze kostbare momenten niet vergeten. Ook de levendige waakzaamheid die je na dat moment van ontspanning ervaart, is onbeschrijfelijk. Je voelt een onlesbare dorst om naar die toestand terug te keren.

Onthoud dat ontspanning je de kracht en de energie geeft om de uitdagingen die je in de toekomst te wachten staan, aan te pakken. Wees gewoon op je gemak en wees tegelijkertijd alert."

Moeder vroeg de brahmachari's een bhajan te zingen. Zij zongen samen *Anantamayi Patarunnor...*

> *De onmetelijke, uitgestrekte hemel,*
> *het innerlijke Wezen,*
> *dat trilt van enthousiasme, ontwaakt!*
> *O Moeder! Godin Ambika, Eeuwige Maagd,*
> *oneindig, gelukzalig en zuiver...*
>
> *Sta nooit, nooit meer toe dat deze smekeling*
> *bezwijkt voor de verleiding!*
> *Naarmate de dagen voorbijgaan,*
> *groeit de pijn in mijn hart.*
> *O Godin van mijn hart,*
> *bent U zich daar niet bewust van?*
>
> *Is er geen Moeder voor mij?*
> *O, heb ik geen Moeder?*

Zeg me, O Gelukzalige, zeg me...
Ik zoek geen gelukzaligheid of iets anders.
Geef me alleen zuivere liefde en devotie.

Waakzaamheid en śraddha

Toen het lied voorbij was, zat iedereen een tijdje in stilte, totdat er een volgende vraag gesteld werd: "Amma, is waakzaamheid hetzelfde als *śraddha*?"

Moeder: "Kinderen, de hele spiritualiteit kan in één woord worden samengevat en dat is 'śraddha'. Śraddha is het onvoorwaardelijke geloof dat de leerling heeft in de woorden van de Meester of in de uitspraken van de geschriften. De woorden van de Meester zijn volledig in overeenstemming met de woorden van de geschriften. De woorden van een echte Meester zijn in feite de geschriften. Een leerling die begiftigd is met zo'n geloof, zal voortdurend over zijn geest en gedachten waken. Dus op die manier betekent Śraddha ook waakzaamheid. De betekenis van śraddha is voortdurend bewust te zijn. Maar dit is alleen mogelijk wanneer je ontspannen bent. Een gespannen, opgewonden iemand die constant aan zijn mislukkingen in het leven denkt, kan niet oplettend zijn, noch kan hij zich volledig bewust zijn van het huidige moment. Hetzelfde geldt voor iemand die over de toekomst blijft dromen. Deze beide stemmingen zullen je sloom maken. Je verliest je creativiteit en kunt niet productief zijn. Ontspanning echter zal je bewustzijn versterken en je ware wezen naar voren brengen. Alleen iemand die ontspannen is, kan altijd oplettend en bewust zijn.

Kinderen, mislukkingen zijn onvermijdelijk in het leven. Stel je voor dat we over iets gestruikeld zijn en dat we gevallen zijn. Dan zeggen we niet tegen onszelf: 'Oké! Nu ik gevallen ben, kan ik hier net zo goed voor altijd op de grond blijven liggen. Ik sta niet meer op om verder te gaan naar mijn doel.' Het zou dwaas zijn zo te denken.

Een peuter zal ontelbare keren vallen voordat hij goed kan lopen. Op dezelfde manier zijn mislukkingen een natuurlijk deel van het leven. Houd in gedachten dat iedere mislukking de boodschap van succes in zich draagt. Net zoals een klein kind valt voordat het goed leert lopen, zijn onze eigen mislukkingen het begin van onze klim naar de uiteindelijke overwinning. Er is dus geen reden om zich teleurgesteld of gefrustreerd te voelen. Blijf niet in het donker. Kom naar buiten in het licht.

Je bent het licht van God

Je behoort niet tot het duister. De duisternis is een gevangenis, gecreëerd door je eigen geest en ego. Je legt die jezelf op en schept die zelf. Het is niet de plek waar je werkelijk thuis hoort, want je behoort tot het licht. Je bent het licht van God. Laat daarom het duister los. Realiseer je dat je in een gevangenis zit. Zie de gevangenis voor wat die is en begrijp dat het niet je ware thuis is. We hebben onze eigen gevangenis en onze eigen hechtenis gecreëerd. Niemand anders is hiervoor verantwoordelijk of erbij betrokken. Observeer dat de duisternis donker is en niet licht. We leven in het donker maar jammer genoeg denken we dat we in het licht zijn. Het denken is het probleem. We hebben ons volledig geïdentificeerd met het denkproces.

In onze huidige mentale toestand geloven we dat we vrij zijn en in het licht leven, ook al leven we in het donker en zijn we gebonden door het ego dat we zelf hebben gecreëerd. We verwarren duisternis met licht en gebondenheid met vrijheid. We moeten de gebondenheid gaan zien voor wat hij is. We begrijpen niet dat we geketend zijn, want we zitten al zo lang in de kettingen, in het duister vast. De kettingen die ons binden, zijn voor

ons als versieringen, en de gevangenis is bijna een thuis voor ons
geworden. Wat we als verfraaiingen beschouwen, roem, macht
en rijkdom, zijn in feite de ketens die ons binden. Door deze verkeerde denkwijze zijn ellende en verdriet een deel van ons leven
geworden. Daarom kunnen we niet van ganser harte glimlachen.
Maar de waarheid is het tegenovergestelde. Wij zijn het licht van
God, en gelukzaligheid is ons geboorterecht. We zijn de eeuwig
vrije, oneindige Atman.

Er is een vage herinnering aan onze ware aard in ons. Soms
wordt deze herinnering wat helderder, maar meestal zijn we ons
er niet van bewust. Daarom blijven we gebonden. Wanneer de
herinnering opwelt, worstelen we om onszelf te bevrijden. Deze
kettingen gaan echter strakker zitten naarmate je meer worstelt
om los te komen. Houd op met worstelen, kom tot rust en ontspan
je en je zult ontdekken dat je vrij bent. Het is voldoende dat je je
bewust bent van de gebondenheid om je uit zijn klauwen te bevrijden. Je houdt je vast aan alle onwerkelijke objecten die je geest
gecreëerd heeft. Je identificeert je met je gedachten, wat onverstandig is, omdat je zo je eigen gevangenis en je eigen hechtenis
schept. Hoe bevrijd je je? Het is heel eenvoudig. Laat eenvoudig
de greep los en trek je medewerking in. Laat eenvoudig gaan.

Weet je hoe in sommige delen van India apen worden gevangen? Een pot met een smalle hals, gevuld met noten en ander
voedsel waar apen dol op zijn, wordt op de grond gezet. Dan komt
er een aap om de noten te pakken. Hij stopt zijn hand in de pot
en grijpt de noten. Omdat zijn hand nu vol noten zit, kan hij
die niet meer uit de pot met de smalle hals halen. De dwaze aap
denkt er niet aan zijn hand te openen en de noten op te geven.
Dat zou een makkelijke manier zijn om te ontsnappen. Hij wil de
noten die hij gegrepen heeft, niet loslaten en dus is hij gevangen.
Door aan een paar noten vast te houden verliest de arme aap het
hele bos met als zijn mooie bomen, het uitgestrekte gebied waar

hij vrij rond kon zwerven, spelen en genieten zoveel als hij maar wilde. Omwille van een paar noten verliest hij de overvloed aan verse, heerlijke noten en vruchten, die beschikbaar zijn in het hele bos. Hij verliest zijn hele wereld.

Mensen zijn net zo. Iemand roept uit: 'Bevrijd me! Ik wil vrijheid!' Maar wie heeft hem geketend? Wat bindt hem? Niemand, niets. Hij hoeft alleen maar op te houden met het creëren van al dit onnodige lawaai, ophouden met worstelen, tot rust komen en ontspannen. Dan zal hij zien dat hij het is, en hij alleen, die verantwoordelijk is voor zijn eigen gebondenheid. Hij moet alleen maar de paar noten die hij vasthoudt, loslaten en dan kan hij gemakkelijk zijn hand uit de nauwe hals van de pot van het lichaam, de geest en het intellect halen. Hij kan voor altijd vrij zijn. Het gehele universum hoort hem toe."

Het troosten van een bedroefde ziel

Een vrouwelijke toegewijde uit het Westen zat naast Moeder en zag er zeer bedroefd uit. Moeder wendde zich tot haar en vroeg haar vol liefde wat haar dwarszat. De vrouw keek naar Moeder met tranen in haar ogen. Zij scheen een persoonlijk gesprek met Moeder te willen. Met een gebaar van Haar hand vroeg Moeder iedereen weg te gaan, behalve Brahmacharini Gayatri, die nodig was voor de vertaling. De vrouw stortte toen haar hart uit bij Moeder. Zij had in het verleden twee abortussen gehad en ze werd voortdurend zwaar gekweld door de gedachte hieraan. De vrouw vertelde Moeder: "Hoe meer ik het probeer te vergeten, hoe sterker het wordt. Ik kan het mezelf niet vergeven. Moeder, vergeef me wat ik gedaan heb! Help me het te vergeten zodat ik rust kan hebben."

Moeder keek met diep mededogen naar haar en streek zachtjes over haar borst. Zij troostte haar met de volgende woorden:

"Dochter, denk niet dat wat je gedaan hebt, een grote zonde is. Het was het karma zowel van jou als van de twee kinderen om deze ervaring mee te maken. De foetussen waren bestemd om slechts zo kort te leven. Nu je Amma ontmoet hebt, moet je het vergeten. Reageer niet op het verleden. Reactie brengt geweld en agressie met zich mee. Reactie schept meer onrust in de geest en de gedachte die je probeert te vergeten, zal met veel meer kracht terugkomen. Reageren is vechten. Het bevechten van de wonden uit het verleden zal deze wonden alleen maar dieper maken. Ontspanning, niet reactie, is de methode om de wonden van de geest te genezen.

Enkel het besef dat je verkeerd gehandeld hebt, heeft je ervan bevrijd. Het is je reeds vergeven. De pijn die je hebt geleden, is meer dan genoeg om de zonde uit te wissen. Iedere zonde zal door de tranen van berouw weg worden gewassen. Dochter, Amma weet dat je veel geleden hebt. Van nu af aan moet je deze last niet meer in je geest meedragen. Je hebt Amma om voor je te zorgen. Vergeet het en leef in vrede."

Door de zoete woorden van Moeder barstte de vrouw in tranen uit. Moeder legde Haar armen zachtjes om haar heen en nam haar in Haar schoot. De vrouw lag met haar hoofd in Moeders schoot en bleef huilen. Terwijl Moeder de haren van de vrouw streelde, zei Ze tegen Gayatri: "Arme vrouw! Ze heeft deze daden uit onwetendheid begaan. In die tijd moet ze in bijzonder moeilijke omstandigheden verkeerd hebben en daarom heeft ze het kind weg laten halen. Haar schuldige geweten heeft haar al die jaren vervolgd."

Enkele brahmachari's hingen wat rond op een afstand, omdat ze zich niet volledig los konden maken van Moeders aanwezigheid. Moeder riep hen terug en ze kwamen allemaal en gingen voor Haar zitten. De vrouw hield haar hoofd op Moeders schoot terwijl Moeder sprak en Gayatri doorging met vertalen.

Niemand hoeft voor eeuwig gestraft te worden

"Hoe ernstig de fout die je hebt gemaakt ook mag zijn, het moet je vergeven worden, wanneer je je fout eenmaal beseft en berouw voelt. Dit betekent niet dat iedereen bewust fouten kan maken en denken dat hij niet gestraft zal worden, zolang hij later berouw toont. Nee, dat is niet het geval. Zoveel als mogelijk is, moeten we nalaten om fouten te maken. Als sterfelijke menselijke wezens is het onvermijdelijk dat we fouten maken, soms uit onwetendheid, soms onder druk van de omstandigheden. Afhankelijk van de ernst van de fout kan een zekere mate van bestraffing als les nodig zijn. Straf is zeker nodig als iemand bewust dezelfde fouten blijft maken. Niemand hoeft echter voor altijd te lijden. Geen ziel hoeft voor eeuwig gestraft te worden voor een paar fouten die hij heeft begaan of van plan was te begaan. Er zijn mensen die oprecht spijt hebben over hun zonden. Zij beseffen wat ze hebben gedaan en willen veranderen. Zij moeten iedere gelegenheid krijgen om opnieuw te beginnen met een frisse kijk op het leven. Zij moeten vergeven worden. Een gunstige en liefdevolle omgeving moet rond hen gecreëerd worden. Dan kunnen ze het verleden vergeten en loslaten en een volledig vruchtbaar leven leiden. Zij hebben jullie liefde en mededogen nodig. Glimlach naar hen vanuit je hart en spreek liefdevol met hen. Laat je bemoedigende woorden en je glimlach hun hart raken en hun wonden genezen. Als je hen kunt raken met je liefde en mededogen, zullen zij in staat zijn de duisternis van hun verleden los te laten. Door je mededogen zullen zij voelen dat men van hen houdt. Zij zullen beginnen zich te ontspannen en in vrede met zichzelf te leven. Wijs hen nooit af en noem hen nooit zondaars, want in dat geval zijn niet alleen zij, maar wij allemaal zondaars. We hebben allemaal de grote fout gemaakt om onze ware aard, ons bestaan in God, te vergeten. Geen fout kan groter zijn dan dit, waarvoor we allemaal gestraft zouden kunnen worden. Maar God is vol mededogen en vergeving. God heeft ons vergeven. Amma gelooft niet dat God een ziel voor altijd zal laten lijden. Als Hij dat wel deed, dan zou Hij God niet zijn."

Met de vrouw nog steeds in haar schoot begon Moeder *Amme Yi Jivende* te zingen...

O Moeder van het Universum,
er is niemand anders dan U
die de tranen van dit gezicht kan vegen
en mijn ziel kan bevrijden.
Wanneer deze ziel Uw voeten bereikt,
zal hij zich realiseren.

Helaas! Zelfs nu is deze geest in verdriet gedompeld,
want hij heeft zijn weg verloren in Maya,
voordat hij het doel bereikt heeft.
Zegen me alstublieft,
dat ik U voor altijd vast mag houden
met zuivere devotie in een stevige omhelzing.

In deze angstaanjagende oceaan
van geboorte en dood
zijn Uw Lotusvoeten de enige toevlucht.
Wilt U niet komen en een beetje nectar van Liefde
sprenkelen op deze smachtende ziel?

Dit kleine kind brengt ieder moment door
in meditatie op Uw vorm.
Laat me alstublieft niet langer wachten.
Trek me dicht naar U toe.
Schenk innerlijke vrede aan deze gekwelde ziel.

Aan het einde van het lied hielp Moeder de vrouw zachtjes rechtop te zitten. De vrouw zag eruit alsof er een zware last van haar was afgevallen. Haar gezicht was helderder en ze glimlachte gelukkig naar Moeder. Met een diepe zucht zei ze: "O Moeder, ik voel nu zoveel vrede. U hebt licht in de donkere kamer van mijn hart gebracht. Heel hartelijk bedankt!"

Moeder stond op en gaf de vrouw nog een omhelzing en liep weg naar de rand van de backwaters.

Hoofdstuk 6

Moeder zat omringd door brahmacharini's en bezoekers, buiten bij de oude keuken groenten te snijden. Al snel arriveerden er nog enkele brahmacharini's, die hadden aangevoeld dat Moeder daar was. Tijdens het snijden van de groenten merkte Moeder dat één van de meisjes teveel van de schil van een komkommer verwijderde. Moeder zei: "Dochter, waarom haal je er zoveel af? Verspil niets nodeloos. Alleen iemand die geen śraddha heeft, zal dingen verspillen. Elke handeling die een spirituele zoeker verricht, moet goed doordacht zijn. We moeten in staat zijn om de innerlijke stilte en rust, die we in onze meditatie verkrijgen, over te brengen naar onze handelingen. In feite helpt meditatie je om een dieper inzicht in alle aspecten van je handelen te krijgen. Wanneer je deze diepte eenmaal hebt bereikt, zul je niets onnodig verspillen. Door teveel weg te schillen van de groente, verwijder je ook een deel van het eetbare gedeelte. Dat betekent dat je de waarde ervan onthoudt aan iedereen in de ashram en ook aan anderen. Ook aan hen die verhongeren en er daadwerkelijk baat bij zouden hebben. Iemand die een zekere mate van innerlijke stilte en rust heeft bereikt door meditatie en andere spirituele oefeningen, zal zoiets nooit doen."

Respect zonder liefde creëert angst

Moeder was even stil en er werd een vraag gesteld: "Amma ik hoorde U eens zeggen dat een leerling zowel liefde als respect tegenover de Meester moet voelen. U zei ook dat als er alleen maar respect is, er zeker angst zal zijn. Kunt U dit alstublieft uitleggen?"

Moeder: "Wanneer er alleen maar respect is en geen liefde, zal er zeker angst opkomen. Respect heeft een aspect van angst in zich. De leraar vraagt de leerling een gedicht uit zijn hoofd te leren voordat hij de volgende dag naar school komt. De arme leerling is niet geïnteresseerd in poëzie. Hij had liever gesport en tv gekeken. De leerling respecteert zijn leraar, maar hij houdt niet van hem. Hij voelt dat de leraar hem tot iets dwingt waar hij niet van houdt. Hij durft geen nee te zeggen tegen zijn leraar, omdat hij bang is voor hem en ook voor zijn ouders en voor de straf die hij kan krijgen als hij niet gehoorzaamt. Dus herhaalt hij het gedicht verschillende malen en leert het uit zijn hoofd. Dit is niet echt leren. Werkelijk leren is niet mogelijk zolang er angst is. Deze vorm van leren zal de leerling nooit helpen enige ware kennis te verwerven, omdat het niet gedaan wordt vanuit het hart. Uit respect en angst voor zijn leraar leert de leerling net als een papegaai, zonder de betekenis in zich op te nemen. Maar zijn hart is gesloten. Angst sluit het hart en dan bestaat er een grote kans dat de leerling zal vergeten wat hij geleerd heeft. Alleen als het hart open is, kan hij werkelijk leren. Anders zullen het leerproces en al zijn handelingen mechanisch zijn.

Je voert informatie in in een computer en je slaat de informatie daar op. Wanneer je deze informatie wilt gebruiken, druk je eenvoudig op een paar knoppen en het verschijnt voor je. Maar als je per ongeluk de verkeerde knop indrukt, is het afgelopen: alle gegevens die je opgeslagen hebt, zijn verdwenen. Je scherm wordt blanco. De computer kan alleen gehoorzamen aan commando's die worden ingegeven. De computer is niet intelligent en kan niets voelen, omdat het slechts een machine is, die is uitgevonden door het menselijke intellect.

Een mens kan bijna als een ademende, bewegende computer worden als hij geen liefhebbend en meedogend hart heeft. Respect zonder liefde en gebaseerd op angst zal je hart sluiten en je in een menselijke machine veranderen. Als je je leraar of je ouders alleen uit angst en respect gehoorzaamt, is dat niets anders dan het invoeren van informatie in een computer. De computer kan ieder moment zijn gegevens verliezen, omdat er geen liefde is om hem te ondersteunen en de informatie vast te houden.

Pas geleden kwam er een gezin Amma opzoeken. Zij hadden een zoontje van zeven jaar. Hij zat op Amma's schoot en om hem gelukkig te maken en een gesprek aan te knopen stelde Amma hem verschillende vragen: zijn naam, in welke klas hij zat, over zijn vriendjes, de spelletjes waar hij van hield, enzovoort. Telkens als de jongen op het punt stond een vraag te beantwoorden, keek hij eerst naar zijn vader, alsof hij toestemming vroeg om te spreken. De jongen beantwoordde ieder vraag pas nadat hij zijn vaders toestemming had gekregen. Toen Amma vroeg wat zijn naam was, keek hij onmiddellijk naar zijn vader. Pas nadat zijn vader had gezegd: 'Vertel Amma je naam', durfde de jongen zijn naam te zeggen. De jongen was bang om te spreken. Je kunt dit niet eens respect noemen, het is pure angst. Als je een kind bedreigt en zegt: 'Gehoorzaam of anders zal ik je straffen', besef je niet hoeveel kwaad je aanricht. Het kind sluit zich af en kan zich niet uiten. Hij zal deze angst zijn hele leven met zich meedragen. Hij wordt misschien wel een rijk man en hoog opgeleid. Hij bekleedt misschien een toppositie in de maatschappij, maar de angst zal er nog steeds zijn, diep in hem en het zal zijn persoonlijk leven tot een hel maken.

We kunnen het scheppen van angst en respect om gehoorzaamheid bij te brengen niet 'disciplinering' noemen, ook al noemen we het graag zo. Echte, opbouwende disciplinering vindt plaats wanneer liefde de kans krijgt om te bloeien. Als liefde ontbreekt, zal ieder ontzag en respect gebaseerd zijn op angst. Een liefdevolle relatie zal echter je hart openen en je in staat stellen je volledig te uiten op de manier die je verkiest. Liefde brengt je dichter bij elkaar en in die intimiteit is er helemaal geen gebrek aan discipline. Uit deze liefde, die voortkomt uit het juiste begrip, zal een natuurlijk en oprecht respect ontstaan. Met andere woorden, wanneer er eenmaal een sterke band van liefde is gevormd tussen de leraar en de leerling of de ouder en het kind, dan is het bijbrengen van discipline gemakkelijk. Het veroorzaakt dan geen gekwetste gevoelens bij degene die gedisciplineerd wordt. Deze liefdevolle intimiteit, deze ontmoeting van hart tot hart, is van vitaal belang in de relatie tussen leraar en leerling of tussen ouder en kind. Maar om deze intimiteit mogelijk te maken, moet men geduldig en vergevingsgezind zijn.

Kinderen, misschien hebben jullie gehoord over de Guru-leerling relatie die lang geleden bestond. Leerlingen van alle kasten en met verschillende achtergrond kwamen in de gurukula en verbleven daar. De onderwijsperiode duurde minstens twaalf jaar. Het systeem was in die dagen totaal anders. Het leek helemaal niet op de moderne scholen en universiteiten. Tegenwoordig kunnen de leerlingen niet studeren zonder aantekeningen te maken en in hun studieboeken te staren. Tijdens de les kijken de leerlingen bijna nooit naar het gezicht van hun leraar. Ze maken aantekeningen, zitten gebogen over hun studieboeken of kijken dagdromend naar buiten. Ze kijken niet naar het gezicht van hun leraar, omdat zij zijn gezicht niet mogen. De leerlingen voelen wrok tegenover hun leraar. Uiterlijk kunnen zij hem respecteren, maar diep van binnen zijn zij kwaad op hem. Respect zonder liefde komt gewoonlijk voort uit angst, die vervolgens kan overgaan in boosheid en zelfs haat.

De meeste kinderen voelen wrevel tegenover hun vader en hun leraren, omdat zij macht over hen uitoefenen. Zij voelen dat de volwassenen hen hun eigen ideeën proberen op te leggen. Zolang een jong iemand nog afhankelijk is van zijn vader en zijn leraren, is hij niet in staat om zijn boosheid te uiten. Natuurlijk komen sommige kinderen tot een uitbarsting en veroorzaken problemen, maar de meerderheid houdt zich koest tijdens deze periode van afhankelijkheid. Zij zijn instinctief bezorgd over hun eigen veiligheid. Maar wanneer ze eenmaal onafhankelijk zijn, komen zij vaak tot een uitbarsting en beginnen ze hun gevoelens te uiten. Het kind of de leerling heeft zijn boosheid onderdrukt in zijn onderbewuste. Tijdens zijn periode van afhankelijkheid maskeert hij misschien zijn boosheid in een uiterlijke vertoning van liefde en respect, omdat hij zijn vader en zijn leraar nodig heeft. Hij heeft hun materiële bijstand en opvoeding nodig. Maar als die periode eenmaal voorbij is, kan hij zijn boosheid niet langer onderdrukken en komt die naar buiten. Gedachten als: 'Hij heeft de baas over me gespeeld, hij deed nooit wat ik wilde, hij strafte en beledigde me in ieders bijzijn,' kunnen zich manifesteren als woede en zelfs als haat. Hij wil dan wraak nemen. Al zijn respect verdwijnt, omdat dit respect nooit echt was. Het was niet gebaseerd op liefde. Hij laat nu zijn ware gezicht zien, dat verborgen was achter het masker van respect: het gezicht van woede. Dit gebeurt in alle relaties waar liefde en juist begrip ontbreken. Het is slechts een kwestie van tijd. De woede blijft van binnen smeulen totdat er zich een situatie voordoet die hem doet ontvlammen. Tot dan zal iemand die betrokken is bij wat voor relatie dan ook, een verborgen vulkaan in zich dragen, tenzij hij de juiste houding van liefde en begrip ontwikkelt. Dit is de ervaring van honderdduizenden mensen. Door Haar persoonlijke contact met miljoenen mensen van alle rangen en standen, die Zij over de hele wereld heeft ontmoet, kan Amma je verzekeren dat dit waar is. Natuurlijk zijn er uitzonderingen. Er zijn mensen die een gelukkig en evenwichtig leven leiden, maar het merendeel valt in de zojuist genoemde categorie."

Moeder zweeg een tijdje en vroeg de brahmacharini's een lied te zingen. Ze zongen *Amritanandamayi Janani...*

Moeder Amritanandamayi,
U bent de belichaming van genade,
mededogen, wijsheid en gelukzaligheid.

U verwijdert alle obstakels
en bent de Moeder van Vinayaka Ganesha.
O Moeder, U bent de belichaming
van heiligheid en van kennis.
U bent de schenkster van onderscheidingsvermogen.
De Veda's zijn Uw vorm.
U bent Bewustzijn en het Zuivere Zelf,
O Moeder Amritanandamayi.

Amritanandamayi,
U bent Sarasvati, de Godin van Kennis
met het boek en de vina in Uw handen.
U bent Brahman.
U bent Mahalakshmi, de Godin van Rijkdom,
Parvati, de Godin van Macht,
Shankari, die ons gunstig gezind is
en Adi Parashakti, de Oerenergie.

U bent Vishnumayi,
de dynamische Kracht van de Instandhouder
en Shiva-Shakti, het Actieve en het Passieve.
Moeder van het universum,
bescherm ons alstublieft!
Verschijn aan ons in Krishna en Devi Bhava,
O Amritanandamayi...

Moeders ogen waren gesloten. De brahmacharini's zaten in stilte rond Moeder. Starend naar Haar probeerden ze de diepe betekenis van het lied dat zij net gezongen hadden, in zich op te nemen. Na een paar minuten opende Moeder Haar ogen en glimlachte naar Haar kinderen. Een brahmacharini zei: "Amma, wees zo vriendelijk ons te verlichten door iets meer te vertellen over de Guru-sishya relatie die bestond in de oude gurukula's."

De Guru-sishya relatie in de oude gurukula

Moeder: "In de gurukula's van de oude rishi's leefden de leerlingen samen met een Meester. Zij dienden hem en leerden hun lessen. De studenten maakten er geen aantekeningen en zaten ook niet verdiept in hun studieboeken in de klas. De leerlingen zaten eenvoudig naar hun Meester te kijken wanneer hij sprak. Dat was alles. Er waren geen aantekeningen of studieboeken. Wat de Meester ook zei, het ging recht naar hun hart. Dit was mogelijk door de diepe band tussen de Meester en zijn leerlingen. Hij disciplineerde zijn studenten niet op ondoordachte wijze door te forceren en te overheersen. Integendeel, het was een relatie gebaseerd op echte liefde en begrip. De Meester gaf werkelijk om zijn studenten en zij toonden op hun beurt hun liefde en respect door werkelijk om hem te geven. Het was geen respect geboren uit angst, maar uit diepe liefde.

De Meester opende zijn hart voor zijn leerlingen. Hij verwelkomde en accepteerde hen van ganser harte, zonder enige reserve. De openheid en onzelfzuchtigheid van de Meester maakten de studenten ontvankelijk en nederig in zijn aanwezigheid. Hoewel de Meester een schatkist van kennis was, was hij tegelijkertijd zeer nederig. Hij had niet de houding van: 'Ik ben de Meester en jullie zijn mijn leerlingen, dus jullie kunnen beter doen wat ik zeg, of anders zal ik jullie straffen.' De studenten waren vrij de Meester elke vraag te stellen die nodig was om twijfels weg te nemen. Omdat de Meester de belichaming van kennis was, kon hij hun twijfels wegnemen zowel door theorie als door praktijk. In de moderne scholen aarzelen de studenten om iets te vragen, zelfs als zij twijfels en vragen hebben. Dit komt door het gebrek aan liefde en intimiteit tussen hen en de leraar. Noch de leraar noch de studenten zijn open genoeg of verlangen ernaar om enige echte kennis te geven of te ontvangen. Zowel de leraar als de student zijn vaak nogal arrogant. De leraren vinden het moeilijk alle twijfels van hun studenten op te lossen, omdat zij zelf nooit enige echte kennis hebben opgedaan toen zij student waren. De relatie die zij met hun leraren hadden, was net zo gebrekkig.

In de oude gurukula bad de Meester samen met zijn leerlingen: 'Moge Brahman ons beschermen. Moge Hij zowel jullie als mij voeden. Moge zowel jullie als ik de energie krijgen die we nodig hebben. Moge deze studie ons beiden verlichten en mogen we elkaar nooit haten. Om Shanti, Shanti, Shanti.' Het gebed was zowel aan de leraar als aan de student gewijd om elkaars groei en begrip te zegenen. Niet dat de Meester iets nodig had van de student, het was slechts een prachtig voorbeeld van zijn nederigheid.

De Meester was altijd in een vrome stemming. Weet je, kinderen, iemand die constant in een staat van gebed is, kan niet egoïstisch zijn. Hij is nederig onder alle omstandigheden. In die dagen waren nederigheid, liefde en geduld de eigenschappen die het leven van de mensen zo mooi en volledig maakten. Hoewel de Meester volkomen verlicht en alwetend was, was hij toch nederig tegenover zijn studenten. Niemand kan egoïstisch zijn tegenover een oprecht nederige ziel. De studenten die bij zo'n Meester kwamen studeren, werden nederig en gehoorzaam in zijn aanwezigheid, ook al waren zij niet vrij van het ego. In die dagen kwamen er koninklijke prinsen, kinderen van adel en studenten uit alle verschillende klassen van de samenleving naar de gurukula van de Meester. Maar voor de Meester waren zij allemaal gelijk. Zij leefden samen, aten en sliepen samen en leerden allemaal dezelfde lessen. Zij moesten lichamelijk werk doen, zoals het verzorgen van de koeien van de Meester, het sprokkelen van brandhout in het bos, het verbouwen van het gewas enzovoorts. Maar toch was er een enorme liefde tussen de Meester en zijn leerlingen. Er was geen spoor van boosheid of wrok.

Wanneer er zoveel liefde is, is je hart wijd open, zo open als dat van een kind. Deze openheid, die voortkwam uit liefde, zorgde ervoor dat de studenten konden leren door eenvoudig naar de Meester te luisteren en naar zijn gezicht te kijken. Zij hoefden nooit aantekeningen te maken of een studieboek te gebruiken. Zij hoefden ook niet een gedicht of een opstel honderd keer te herhalen om het te leren. Zij luisterden eenmaal naar de Meester en dat was genoeg. Zij onthielden het tot het einde van hun leven. Zij vergaten nooit wat zij hadden geleerd terwijl zij naar het gezicht van hun geliefde Meester keken. Echt luisteren vindt alleen plaats wanneer er liefde is.

Als de Meester sprak, was het Liefde die sprak. En aan de andere, ontvangende kant werd het alleen door Liefde geabsorbeerd. Door hun liefde voor hun Meester was het hart van iedere student als een vruchtbare akker, klaar om de kennis die de Meester uitgaf, te ontvangen. Liefde gaf en liefde ontving. Liefde maakte hen open voor elkaar. Echt geven en ontvangen ontstaat waar liefde aanwezig is. Werkelijk luisteren en śraddha zijn alleen mogelijk wanneer er liefde is, anders zal de luisteraar gesloten zijn. Als je gesloten bent, word je gemakkelijk overheerst door boosheid (je verleden) en wrok. Dan kun je niets opnemen."

Het moderne onderwijs en de oude manier van een ware meester

Vraag: "Wat is het probleem met het moderne onderwijssysteem?"

Moeder: "In het moderne onderwijssysteem is deze openheid afwezig. Zowel leraar als student zijn voor elkaar gesloten. Er is geen uitwisseling en geen liefde. Er is alleen wrevel. De leraren zijn niet nederig. Velen zijn arrogant. Zij willen de studenten onder controle houden en hun eigen ideeën aan hen opdringen. Als de studenten niet luisteren, worden de leraren kwaad en willen hen straffen. De leraren in moderne scholen en universiteiten benaderen de studenten op een onintelligente manier. Hierdoor sluiten zij iedere mogelijkheid uit om een liefdevolle relatie met hen aan te gaan en hen te helpen diep in echte kennis door te dringen. Eén van de belangrijkste redenen voor het degenereren van het onderwijssysteem is deze afwezigheid van een liefdevolle band, van een positieve relatie die de leraar en de student dichter tot elkaar zou kunnen brengen. Alleen een stroom van oprechte liefde en acceptatie van beide kanten kan hen helpen elkaar te begrijpen. Dit zou op zijn beurt de poorten tussen hen openen zodat ze werkelijk samen kunnen delen.

Zij zijn tegenpolen en deze innerlijke afstand maakt leren onmogelijk. Hun ego's hebben een grote kloof tussen hen geschapen. De leraar spreekt niet met liefde maar met een gevoel van trots: 'Ik ben de leraar en jij bent mijn leerling. Ik weet alles en jij weet niets, dus je kunt beter naar me luisteren, of anders…' De student voelt deze trots. Hij is ook trots en wanneer hij de trots in zijn leraar voelt, denkt hij: 'Waarom moet ik naar die kerel luisteren? Ik doe het niet!' Zijn hart is gesloten en er staat nu een grote muur tussen hen. De leraar gaat verder met spreken, maar het komt niet over bij de student. Lichamelijk is de student in de klas aanwezig en staat de leraar slechts een paar meter bij hem vandaan. Maar in werkelijkheid zijn ze ver van elkaar verwijderd. Zij zijn allebei gesloten. Wanneer een gesloten hart spreekt, komt er niets naar buiten. De kennis resoneert alleen in de spreker. Het kan geen invloed uitoefenen op de luisteraar. Een gesloten hart spreekt en een gesloten hart luistert. Met andere woorden er vindt geen echte overdracht van kennis plaats.

Iedereen smacht tegenwoordig naar aandacht, omdat aandacht voedsel voor het ego is. Het ego leeft van aandacht. Zowel de leraar als de student verlangen sterk naar aandacht. Wanneer ze die niet krijgen, dan raakt hun geest gevuld met woede en wraakzucht. Er zijn zelfs incidenten waarbij studenten en leraren elkaar ernstig verwondden.

De leraar-student relatie die we tegenwoordig hebben, kan iemand niet veranderen of helpen te groeien. Er zal op deze manier geen werkelijke kennis in de student kunnen ontluiken. Er worden alleen negatieve gevoelens gecreëerd zowel in de leraar als in de student. Wanneer je de last van niet genezen wonden die veroorzaakt zijn door zulke incidenten, met je meedraagt, dan wordt je hele leven een wond, geïnfecteerd met de pus van je intens negatieve gevoelens.

Er was een tijd dat een Meester slechts door zijn aanwezigheid zijn leerlingen veranderde. Of, het zou juister zijn te zeggen dat de verandering eenvoudig plaatsvond bij de leerlingen. Zo groot was de kracht van de aanwezigheid van de Meester. De kracht die de verandering teweegbracht, was de liefde en het mededogen dat de leerlingen ervoeren in zijn aanwezigheid. Wanneer iemands hart vol liefde en mededogen is, zal je eigen hart zich spontaan openen als een bloeiende bloem. De gesloten knop van je hart ontvouwt zich in de aanwezigheid van liefde. De Meester hoeft je niet per se instructies te geven. Hij hoeft je niet door woorden te onderwijzen. Het openen gebeurt vanzelf, zo natuurlijk als een bloem zijn bloemblaadjes opent. Dit gebeurt onvermijdelijk in de aanwezigheid van een ware Meester.

Een bloem heeft geen instructies nodig om te bloeien. Niemand leerde de nachtegaal zingen. Het gebeurt spontaan. Daar komt geen dwang bij kijken, het gebeurt op een natuurlijk manier. Op dezelfde wijze opent zich de gesloten knop van je hart in de aanwezigheid van een groot Meester. Je wordt zo ontvankelijk en onschuldig als een kind, een nederig en gehoorzaam kind van de Meester. Hij onderwijst je niets. Je leert alles zonder onderwezen te worden. Zijn aanwezigheid, zijn leven zelf is de allergrootste les.

Er is geen controle of dwang bij betrokken, alles gebeurt natuurlijk en zonder inspanning. Alleen liefde kan dit wonder creëren.

In het moderne onderwijssysteem worden de studenten van hun energie beroofd door het ontelbare malen herhalen van de lessen om ze uit hun hoofd te leren. Onderwijs is een energieverspillend proces geworden. De studenten staan voortdurend onder grote druk. De stress en de spanning veroorzaakt door hun ouders, vooral tijdens de examentijd, is vaak merkbaar.

Amma wil zeggen dat je niets kunt bereiken als er te veel druk vanuit alle richtingen komt, of het doel nu materieel of spiritueel is. Het moderne onderwijssysteem ligt als een zware, overladen zak op de schouders van de student en de ouders maken het vaak nog erger. Ouders hebben slechts één mantra die zij onophoudelijk tegen hun kinderen herhalen: 'Je moet je lessen leren, je huiswerk maken en alleen maar studeren.' Tijdens de examenperiode staan de studenten onder grote druk. Zij zijn helemaal niet ontspannen.

Leer hen de kunst van het ontspannen, hoe op je gemak te zijn. Als zij zich niet ontspannen voelen, hoe kunnen zij dan leren? Zonder ontspanning is echt leren niet mogelijk. Dit is de eerste les die men duidelijk moet begrijpen. Het is erg belangrijk dat ouders dit begrijpen voordat zij hun kinderen vragen iets te doen. Amma stelt voor dat zij het in hun eigen leven toepassen. Want ze weten niet hoe belangrijk ontspanning is voor hun kinderen totdat ze zelf het belang ervan ervaren. Spirituele oefeningen zoals meditatie, het herhalen van een mantra en het zingen van bhajans zijn verschillende methodes om de geest te ontspannen. Dan kun je altijd open zijn, als een pas ontloken bloem.

Ouders weten niet hoeveel schade zij hun kinderen berokkenen door hen voortdurend op te zwepen: 'Studeer, studeer, studeer!' Wanneer zij tijdens de vakanties en weekenden privé-lessen regelen voor ieder vak, moeten de arme jongens en meisjes letterlijk van de ene leraar naar de andere rennen. Zij verspillen al hun energie en voelen zich erg gespannen. Tegen de tijd dat het kind 's avonds thuiskomt, ziet hij bleek en is hij uitgeput. Hij kan zelfs niet in rust zijn maaltijd eten. Het resultaat is dat het kind alleen maar aan zijn studie kan denken. Hij leest en leest, herhaalt eindeloos en leert alles van buiten, alsof hij informatie in een computer invoert. Het kind blijft invoeren en invoeren, zichzelf overladend en volproppend met meer feiten dan hij ooit kan opnemen.

De leerling mag dan de hoogste punten behalen en slagen met een eervolle vermelding, maar tegen de tijd dat hij of zij klaar is met zijn opleiding, zal hij bijna een machine zijn. Hij is niet meer in staat de levendigheid, de schoonheid en de liefde van het leven te ervaren. En hij zal geen echte wijsheid bezitten. Er zal geen speelsheid of gelach zijn in zijn leven. Hij is gesloten. Als volwassene kan hij zelfs niet naar zijn vrouw glimlachen of speels zijn met zijn eigen kinderen. Hij mag dan bekend en uitstekend in zijn vakgebied zijn, maar hij zal geen geslaagd menselijk wezen zijn. De glans van het leven is in zo iemand afwezig. Thuis is hij altijd gespannen en serieus. Altijd uiterst serieus zijn, of de situatie daar nu om vraagt of niet, is een ziekte.

Wanneer zulke mensen ouder worden, slijten hun vermogens ook door de onintelligente methoden waarmee zij hun kennis hebben verkregen. Zij hebben informatie verzameld door intensief studeren, waarbij zij nooit op hun gemak en nooit ontspannen waren. In dit proces hebben zij hun innerlijke vermogens onverstandig gebruikt. Zij stonden hun geest nooit toe te rusten. Als gevolg daarvan raakte deze overwerkt en oververhit. Zij bleven hun geest onafgebroken volstoppen. Zij draaiden de knop van de geest nooit om om hem een tijd te laten rusten, zodat hij zich kon ontspannen en afkoelen. Zij zorgden nooit voor hun apparatuur en nu zijn zij opgebrand."

Terwijl Moeders levende woorden de geur van Haar goddelijke aanwezigheid in de harten van de luisteraars brachten, begon Zij *Devi Jaganmata* te zingen…

> *Gegroet Godin, Moeder van de wereld,*
> *Godin van de Hoogste Energie!*
> *O Eeuwige Maagd,*
> *die boete doet aan de kust*
> *van de blauwe zee bij Kanyakumari,*
> *kom en schenk me een gunst!*
>
> *O Moeder, wier ware aard Licht is*
> *en wier schone vorm gemaakt is van wijsheid,*
> *waarheid, energie en gelukzaligheid!*
>
> *Aum, gegroet Moeder van het Universum!*

De kunst van het ontspannen

Het gesprek ging verder.

Vraag: "Amma, U sprak over ontspanning. Kunt U hierover wat meer uitweiden, alstublieft?"

Moeder: "Alleen door ontspannen te studeren kun je kennis vasthouden. Studeren onder stress en spanning, zonder momenten van rust en ontspanning voor het lichaam, de geest en het intellect, kan niet succesvol zijn. In feite verschaft ontspanning de helderheid van visie en de energie die nodig is om te leren en om werkelijke kennis vast te houden. De kennis die op deze wijze is verkregen, blijft voor altijd helder, onafhankelijk van je leeftijd. Wat iemand mechanisch leert onder stressvolle en inspannende omstandigheden zonder enige ontspanning, zal niet bijdragen aan zijn algemene ontwikkeling. Alleen iemand die met een vredige geest kennis heeft verkregen, kan deze kennis werkelijk in de praktijk brengen en een meester op zijn gebied worden. Anderen zullen slechts de last van de kennis in hun hoofd meedragen. Zij dragen een vracht informatie met zich mee en denken dat dit een verfraaiing van hun persoonlijkheid is. In feite heeft het echter het tegenovergestelde effect, want het misvormt in zekere mate hun persoonlijkheid.

Er zijn honderdduizenden mensen over de hele wereld die de verschillende wetenschappen en andere onderwerpen bestuderen. Je kunt de doctores overal als paddestoelen uit de grond zien schieten. Er zijn ook miljoenen ingenieurs en artsen over de hele wereld. Maar hoeveel van hen zijn met hun kennis en studies werkelijk van nut voor de wereld? Hoeveel van hen worden echt goed in hun vakgebied? Slechts enkelen. Talloze mensen leren ook schilderen en muziek, maar hoeveel van hen worden kunstenaars of musici die de ziel raken? Slechts een handjevol. Er zijn mensen die gestudeerd hebben aan dezelfde universiteit en bij dezelfde docent. Hun omstandigheden zijn misschien identiek geweest. Waarom worden er dan slechts enkelen echte, befaamde meesters? Het is omdat slechts een paar van hen ooit de kunst van het ontspannen hebben geleerd. Slechts een paar waren op hun gemak tijdens hun studie. De rest liet zich slechts volproppen met informatie. Zij wilden hoge cijfers behalen, een fatsoenlijke baan met een goed salaris krijgen, een mooi huis en een vrouw en kinderen. En daar hield het mee op, dat was het einddoel van hun studie. Zij zetten er daar een punt achter en begonnen zich over andere dingen druk te maken. Zulke mensen kunnen niet ophouden zich zorgen te maken en zijn nooit op hun gemak. Zij staan altijd onder hoge druk en voelen zich gespannen, omdat zij nooit de kunst van het ontspannen hebben geleerd.

Maar iemand die weet hoe hij zich moet ontspannen, blijft nieuwe dingen leren. Zijn hele leven lang zal zijn dorst naar kennis steeds fris blijven. Hij voelt geen spanning. Hij is ontspannen en daardoor blijft hij kennis vergaren, die hij ook werkelijk in de praktijk brengt. Hij leert niet alleen over de ruimte, hij vindt nieuwe methoden uit, nieuwe technieken en apparatuur waarmee hij het onderwerp kan bestuderen. Hij leert niet alleen over de onderwaterwereld, hij duikt diep onder water om te ontdekken wat daar is. Zijn nieuwsgierigheid is onuitputtelijk. Hoewel hij een onlesbare dorst heeft om te leren en te kennen, is hij altijd ontspannen. Deze ontspannen stemming geeft hem de kracht en vitaliteit om meer kennis in zich op te nemen en in de praktijk te brengen door zijn experimenten. Zulke mensen kunnen diep in hun eigen Zelf, de Bron van alle kennis duiken, als zij het vertrouwen en de vastberadenheid hebben. Dit zal hen uiteindelijk helpen hun ware bestaan in het Zelf te realiseren.

Er zijn dichters, schilders, musici en wetenschappers die veel tijd in afzondering doorbrengen terwijl ze contempleren en zich ontspannen. Zij trekken zich terug uit de drukke wereld en zonderen zich af. Terwijl zij daar in volledige ontspanning zitten, nemen zij afstand van de geest en zijn gedachten. Zij zullen soms in een diepe, tranceachtige toestand glijden. En wanneer zij uit deze toestand komen, zijn zij in staat een groot meesterwerk te creëren. Er zijn vele van zulke voorvallen, maar hoe komen ze tot stand? Het is het resultaat van de diepe stilte die zij tijdens zulke ervaringen in zich voelen. Wanneer de geest zonder gedachten is, wanneer er geen verstoringen zijn en geen enkele onrust, dan vindt er een ontwaken plaats. De slapende talenten, de oneindige vermogens van de geest komen dan tot uitdrukking. Openbaringen doen zich voor wanneer je het onbekende gebied van zuivere, goddelijke kennis aanboort. Dit is de grootsheid van innerlijke ontspanning.

Dus kinderen, als jullie je lessen goed willen leren, is ontspanning de beste methode. Het zal je intellect helder houden. Het zal je geheugen enorm versterken en je zult je energie niet verspillen door een les honderd keer te herhalen om hem van buiten te leren. Wanneer je volledig ontspannen bent, hoef je een les slechts eenmaal te lezen en je zult hem voor altijd kennen.

Heb je ooit de bejaarde grootouders de hele tekst van een heilig boek of een lange hymne in het Sanskriet zien zingen, zonder dat zij zelfs maar één blik op de tekst wierpen? Zij hebben het vast geleerd toen zij jong waren. Hun ouders hebben het hun geleerd of zij moeten ernaar geluisterd hebben toen het werd gereciteerd. Zij zingen het zo duidelijk en nauwkeurig zonder fouten te maken. Zelfs als ze over de negentig zijn, zingen zij het nog perfect. Wat een geheugen hebben zij!

Toen Amma een paar jaar geleden het huis van enkele toegewijden bezocht, ontmoette Zij de grootmoeder van het gezin. Zij was negentig jaar oud, mager als een skelet en volkomen bedlegerig. Het leven ebde uit haar weg, maar ze kon nog steeds spreken. Toen Amma naast haar op het bed ging zitten, zei haar dochter: 'Moeder, doe je ogen open. Kijk wie er naast je zit. Het is Amma!' De oude vrouw opende langzaam haar ogen. Met een stralende glimlach keek zij naar Amma. Toen de oude vrouw naar Amma's gezicht lag te kijken, zei haar dochter: 'Moeder, zing de *Narayaniyam* voor Amma.' Voordat de dochter haar zin had afgemaakt, begon de oude vrouw de Sanskriet *sloka's* vloeiend te zingen, met absolute helderheid. Zij ging lang door met zingen zonder enig teken van vermoeidheid te tonen, totdat haar dochter haar uiteindelijk moest vertellen op te houden.

Kinderen, kijk naar Acchamma[6]. Zij is bijna tachtig, maar ze staat nog steeds om vier uur 's ochtends op, neemt een bad met koud water en reciteert haar dagelijkse gebeden. En iedere dag, zonder mankeren, maakt ze een bloemenkrans voor Amma om tijdens Devi Bhava te dragen.

---

[6] De grootmoeder van Amma van vaders kant

In vroeger tijden waren de mensen veel meer ontspannen dan nu. Er was geen haast. Zij wisten altijd wat vrije tijd te vinden om de geschriften te lezen, de verzen van de heldendichten te reciteren en de glorie van de Heer te bezingen in een vreedzame en ontspannen atmosfeer. Elke ochtend en avond kwam het hele gezin samen in de gebedsruimte om samen te bidden en de namen van de Hoogste Heer te zingen. Deze momenten van ontspanning temidden van hun actieve dagelijkse leven hielpen hen hun werk in de wereld met een evenwichtige geest uit te voeren.

Kijk naar het zojuist genoemde voorbeeld van de oude vrouw die de Sanskriet śloka's van de Narayaniyam reciteert, zelfs al ligt ze op haar sterfbed. Hoe kon ze dat doen? Omdat het niet in haar opgeslagen was alsof ze een computer was. Ze nam het in zich op als een intelligent mens met een rustige, ontspannen geest en zij hield ervan. Wat je ook studeert, als je het doet in een ontspannen stemming, zal het vers in je geheugen blijven tot de dag van je dood. Alles wat je daarentegen in een gespannen en stressvolle stemming leert, zul je spoedig vergeten. In werkelijkheid kun je niets leren zonder ontspanning. Het zal niet in je opgenomen worden. Het zal slechts aan de oppervlakte blijven en wat aan de oppervlakte van de geest blijft, zal zeker vergeten worden. Het is als de kortstondige golven van de zee die komen en gaan. Kennis die vergaard is door een geest die niet ontspannen is, zal geen wortel schieten, maar onderhevig zijn aan veranderingen en misvormingen. De geest kan je als gevolg daarvan alleen van onheldere beelden voorzien.

Kinderen, leer onder alle omstandigheden ontspannen te blijven. Wat je ook doet en waar je ook bent, ontspan je en je zult zien hoe krachtig dat is. De kunst van ontspanning brengt de kracht die in je zit, naar buiten. Door ontspanning kun je je oneindige vermogens ervaren. Het is de kunst je geest rustig te maken en al je energie te richten op het werk dat je aan het doen bent, wat dat ook mag zijn. Zo zul je in staat zijn al je mogelijkheden te verwerkelijken. Als je deze kunst eenmaal beheerst, gebeurt alles spontaan en moeiteloos. Je wilt bijvoorbeeld een toespraak of een gedicht van buiten leren. Je gaat dan zitten en ontspant je en zet alle andere gedachten van je af. Je neemt het onderwerp slechts eenmaal door, geen honderd keer zonder te eten of te slapen, en je kent het voor eens en altijd. Het blijft je altijd bij. In de menselijke geest liggen oneindige vermogens verborgen. Hij kan het hele universum en alle kennis daarin bevatten. Maar we hebben de kunst niet geleerd om deze oneindige kracht van de geest aan te boren."

Moeder hield op met spreken. Een vrouwelijke toegewijde was geïnspireerd om enkele verzen van de *Uddhava Gita*[7] te zingen. Zij zong het melodieus, op de klassieke manier.

> *Heer, voor Uw Lotusvoeten, waarop zij die bevrijding*
> *zoeken van de sterke banden van activiteit, vurig in hun*
> *hart mediteren, buigen wij met ons intellect, onze organen,*
> *vitale krachten, geest en spraak.*

> *O U Onoverwinnelijke, door Uw Maya bestaande uit de*
> *drie guna's, en in hun rustend creëert U, onderhoudt U*
> *en vernietigt U in Uzelf dit ondenkbare universum. Maar*
> *deze activiteiten raken U niet, omdat U onaantastbaar*
> *bent, verzonken in de onbelemmerde gelukzaligheid van het*
> *Zelf.*

> *O Aanbiddelijke! O Allerhoogste! Mentale aanbidding,*
> *studie van de geschriften, liefdadigheid, boetedoening*
> *en werk verschaffen niet zo'n zuiverheid aan de mensen*
> *met onbevredigde verlangens, als de mensen met een*

---

[7] Een hoofdstuk van de Śrimad Bhagavatam. Het betreft een conversatie tussen Lord Krishna en Zijn grote toegewijde Uddhava.

evenwichtige geest verkrijgen door een verhoogde oprechte eerbied voor Uw glories, die zij ontwikkelen door erover te horen.

Toen zij klaar was met het laatste vers, keek Moeder vol genegenheid naar haar en zei: "Dochter, je hebt prachtig gezongen." De vrouw was blij en gelukkig. Ze zei: "Het is Uw Genade, Amma."

De stroom van Moeders zoete woorden ging door. "Kinderen, hebben jullie dit verhaal gehoord? Lang geleden was er een keizer die India veroverde. De keizer had ook nog een andere bedoeling. Hij wilde alle vier *Veda's* in hun zuivere, originele vorm naar zijn land meenemen. De keizer zond zijn boodschappers naar verschillende delen van India om uit te zoeken waar hij een authentiek exemplaar van de Veda's kon krijgen. Uiteindelijk kreeg hij te horen dat één zo'n exemplaar bewaard was gebleven bij een Brahmanenfamilie in noord India. Hij vertrok onmiddellijk naar dat deel van het land met een heel bataljon soldaten.

De Brahmaan die het hoofd van het gezin was, was een arme man. Hij woonde met zijn vrouw en vier zonen in een kleine hut aan de oevers van de rivier de Ganga. De keizer gaf zijn troepen het bevel de hut te omsingelen waarop hij de woning binnenging en de Brahmaan het bevel gaf de Veda's aan hem te overhandigen. De Brahmaan was erg rustig. Hij antwoordde: 'Uwe Hoogheid, het is echt niet nodig om zo'n ophef te maken. Ik zal ze met alle plezier aan u overhandigen! Maar geef me één dag, slechts één dag. Ik moet een speciale ceremonie uitvoeren voordat ik ze aan u kan geven.' Toen hij de achterdochtige blik op het gezicht van de keizer zag, vervolgde de Brahmaan: 'Maakt u zich geen zorgen. Laat uw leger hier achter als u dat wilt. Zij kunnen me in de gaten houden. Ik zal niet weglopen. Wees zo vriendelijk morgenochtend terug te komen, want ik moet dit ritueel uitvoeren voordat ik de Veda's aan U kan overhandigen.'

De keizer vertrok nadat hij zijn troepen de nodige instructies had gegeven. Maar wat zag hij toen hij de volgende ochtend terugkwam en de hut binnenging! Hij zag hoe de Brahmaan de laatste pagina van de vierde Veda in het offervuur offerde, terwijl hij luid de mantra's van die bladzijde reciteerde. Zijn vier zonen zaten aan weerszijde van het vuur, met de Brahmaan aan het hoofd. De keizer was woedend. Hij schreeuwde naar de Brahmaan: 'Je hebt me bedrogen! Ik zal je hiervoor laten onthoofden!' De Brahmaan bleef erg rustig en antwoordde: 'Uwe Hoogheid, er is geen reden om boos te zijn. Kijk alstublieft naar mijn vier zonen. Zij hebben de hele nacht aan mijn zijde gezeten en hebben geluisterd terwijl ik alle Veda's één voor één reciteerde. Zoals u gezien hebt, ben ik net klaar met de vierde en laatste Veda. Denk niet dat ik u heb bedrogen door de Veda's te vernietigen of dat ik mijn belofte heb gebroken. Geloof me of niet, maar mijn zonen hebben alle vier Veda's woord voor woord onthouden. Ze hebben naar mij geluisterd. Ze kunnen het hele geschrift herhalen zonder één enkel woord te missen. Neem mijn zonen met u mee naar uw land. Ze zijn in staat om de kennis in al zijn originele zuiverheid over te dragen.'

De keizer kon het niet geloven. Hij zei: 'Dit is ondenkbaar! Ik vertrouw je niet.' De Brahmaan vroeg toen zijn zonen de Veda's te reciteren. Tot verbazing van de Keizer reciteerden zij alle vier Veda's prachtig zonder één enkele fout te maken. Bedenk dat ze het allemaal in één nacht geleerd hadden. Ze hadden gewoon aandachtig en met grote liefde naar hun vader geluisterd toen hij reciteerde. Het was recht in hun hart gegrift. Daarom konden zij alles zo spontaan van buiten leren.

Maar zie hoe het er vandaag de dag aan toegaat. Studenten leren iets door het ontelbare keren te herhalen. En toch vergeten zij het misschien wanneer ze het later voor de klas in het bijzijn van iedereen moeten opzeggen. Het probleem hier is angst.

Goochelaars, wiskundigen, wetenschappers, musici, schilders en anderen ontwikkelen slechts een oneindig klein deel van de kracht die in hun aanwezig is. Alleen een echte meester, die gevestigd is in de Atman, heeft deze oneindige krachtbron, die in ieder van ons bestaat, aangeboord."

Moeder hield op met spreken. In een plotselinge stemmingsverandering kreeg Haar gezicht de uitdrukking van een onschuldig kind. Moeder keek om en vroeg op een smekende toon aan een brahmacharini, die klassiek geschoold was, het lied *Nilambuja Nayane* te zingen.

O Moeder met blauwe lotusogen,
hoort U de kreten van dit bedroefde hart niet?
Komt het door de daden uit een vorig leven
dat ik alleen ronddool?
Er zijn heel wat eeuwen voorbijgegaan
voordat ik opnieuw in dit leven geboren werd.

Trek me alstublieft dicht naar U toe
met een moederlijke omhelzing.
Laat mij me in Uw schoot nestelen als een kind.
Moeder, misschien verdien ik U niet,
maar zult U om die reden dit kind verwerpen?
Kom en houd me dicht bij U.
Omring me met Uw genadige blik.

De techniek

Na een korte stilte werd er een andere vraag gesteld: "Hoe werkt de techniek van ontspanning?"

Moeder: "Kinderen, wanneer je je ontspant vergeet je alles. Er ontstaat ruimte en je geest wordt leeg. Stel je voor dat je in een park zit met je geliefde naast je. Er gebeurt van alles in het park. Mensen roddelen of praten over de nieuwste politieke veranderingen. Kinderen zijn aan het spelen. Jongelui zijn aan het schreeuwen, gillen en lol maken. Maar jij en je geliefde zitten in een hoekje in elkaars ogen te staren, onbewust van wat er om jullie heen gebeurt. Wanneer je alle gedachten opzij hebt gezet en vergeten hebt, ben je vol van de zoete geur van liefde en kan het hart opengaan. Op dat moment houdt alles op. Zelfs jij en je geliefde houden op te bestaan. Er is alleen liefde. Op dat moment kunnen gisteren en morgen niet meer storen. Als het verleden en de toekomst oplossen, zal er liefde opkomen en alleen door deze liefde kan echte ontspanning worden ervaren.

Op dezelfde wijze vergeet je al het andere wanneer je ontspannen bent. Als je al je energie in deze vergeetachtige stemming richt op iets van je keuze, zal het hele onderwerp tot je doordringen. Op dat moment staat je hele wezen wijd open. Elk atoom, elke cel van je lichaam is zo ontvankelijk dat je het hele onderwerp kunt opslokken en verteren.

Dit is de methode die de rishi's gebruikten bij het onderwijs van hun leerlingen. Zij lieten hun leerlingen alles vergeten en zich volledig ontspannen. In die atmosfeer van liefde en openheid vergaten ze al hun voorgaande conditionering.

De studenten die aan de gurukula's studeerden, behoorden tot alle klassen van de maatschappij. Van de koninklijke prins tot de zoon van de armste man, studeerden ze allemaal in hetzelfde kluizenaarsverblijf bij dezelfde meester. In zo'n situatie zou er normaal gesproken volop gelegenheid zijn voor allerlei verdeeldheid en conflicten. Al deze kinderen hadden een totaal verschillende achtergrond en een verschillende geestelijke instelling. Kun je je voorstellen hoe zij in dezelfde plaats konden verblijven, waar de omstandigheden en faciliteiten gewoonlijk erg Spartaans waren? Zij leidden een hard bestaan. De meeste kluizenaarsverblijven lagen in die tijd in het woud, ver weg van elke stad of dorp. De Meester behandelde zijn leerlingen nooit verschillend. Hij gaf een prins nooit een aparte, prachtig gemeubileerde slaapkamer met een paar bedienden om voor hem te zorgen. Noch plaatste hij de zoon van een arme man in een muf, vuil, piepklein hutje. Er werd geen onderscheid gemaakt bij voedsel, huisvesting of kleding. Ze aten hetzelfde voedsel, sliepen op dezelfde vloer en ze droegen allen eenvoudige kleren. Of het nu een prins was, het kind van een minister of edelman of de zoon van een arme man, ze moesten zich allen aanpassen aan dezelfde eenvoudige leefwijze en zij werkten hard. Er was absoluut geen sprake van ongelijkheid of partijdigheid. Er werd daarentegen veel gedeeld en er was een diepe liefde en gevoel van eenheid onder hen.

Het was de kwaliteit van de Meester die de bron van alle schoonheid en vreugde in hun leven was. Zijn aanwezigheid hielp de studenten om alle verdeeldheid te vergeten en in eenheid te leven en om de kennis die de Meester gaf, tot zich te nemen.

Mijn kinderen, onthoud dus dat je alleen door liefde en ontspanning kunt groeien. Maar jammer genoeg is onze opvatting over wat groei echt is, veranderd. We geloven dat groei iets uiterlijks is: rijk worden, zoveel auto's, huizen, eigendom en aandelen kopen als je kunt. Dan zullen de mensen zeggen: 'Hij is enorm gegroeid!' Dit is het soort opmerking dat we over zo iemand maken. We denken dat hij zich ontwikkeld heeft, maar is er sprake van echte groei? Zolang men innerlijk verdeeld is, kan men niet groeien. De meerderheid van de mensen is verdeeld, zowel innerlijk als naar buiten. Hoe kan er enige echte ontwikkeling in iemand of in een samenleving plaatsvinden, zolang er geen liefde of gevoel van eenheid is?

Echte groei vindt plaats in de eenheid die ontstaat uit liefde. De melk die uit de borst van de moeder stroomt, voedt de baby. Het geeft zijn lichaam kracht en vitaliteit, waardoor alle organen gezond en in proportie kunnen groeien. Maar het is niet alleen melk die uit de moederborst stroomt. Het is de warmte, de liefde en de genegenheid van de moeder in de vorm van melk. Op dezelfde wijze is liefde de 'moedermelk' die de maatschappij als geheel helpt te groeien. Liefde verschaft de noodzakelijke kracht en vitaliteit waardoor de maatschappij zonder verdeeldheid kan groeien."

Hoofdstuk 7

De Moeder van het Universum

Het was vijf uur 's middags. Moeder stond voor de koeienstal met een groep brahmachari's, brahmacharini's en bezoekers. De koeien waren buiten vastgebonden en werden nu weer naar de stal gebracht door een brahmachari. Toen de brahmachari op het punt stond de laatste koe los te maken, zei Moeder tegen hem: "Zoon, wacht even." Moeder glimlachte en ging naar de koe. Ze ging plotseling op Haar handen en knieën zitten als een klein kind en begon melk direct uit de uiers van de koe te drinken. De koe stond volkomen stil met een blik van enorme gelukzaligheid op haar gezicht. Terwijl Moeder van iedere uier dronk, vulden deze zich met meer en meer melk. Moeder zag er zo volkomen schattig en onschuldig uit met de melk die van Haar wangen naar beneden droop.

Zij die van dit unieke schouwspel getuige waren, waren diep ontroerd, omdat het hen aan de verhalen van Śri Krishna's jeugd herinnerde. Deze koe moet zoveel verdiensten hebben verworven dat haar de gelegenheid gegeven werd om de Universele Moeder direct van haar uiers te laten drinken.

Uiteindelijk stond Moeder op. Ze veegde Haar gezicht met een handdoek af en kuste de koe hartelijk. Zij zei: "Kinderen, deze koe heeft er lang op gewacht dat Amma van haar zou drinken. Haar verlangen hiernaar was erg sterk."

Eén toegewijde sprak met veel emotie: "Amma, U bent werkelijk de Moeder van het Universum. U kunt de gedachten en gevoelens van de gehele schepping begrijpen en handelt daar ook naar."

Moeder liep naar de achterkant van de koeienstal. De brahmachari maakte de koe los. Terwijl ze de stal in werd gebracht, draaide ze haar kop naar Moeder en bleef naar Haar staren.

Moeder zei: "Kinderen, er was een tijd dat iedereen, zelfs Amma's ouders, tegen Haar waren vanwege Haar ongebruikelijke gedrag. Zij lieten Haar in de steek. Toen dat gebeurde, waren het de vogels en de andere dieren die voor Haar zorgden. Een hond bracht ergens pakjes voedsel vandaan voor Amma. Soms zat Amma dagenlang aan één stuk in diepe samadhi. Wanneer Zij uit die staat kwam, kwam er een koe die in zo'n positie voor Haar ging staan dat Amma direct van haar uiers kon drinken, zoveel als Ze maar wilde. Er was een adelaar die de gewoonte had vis voor Amma te brengen, die Ze rauw opat. Kinderen, wanneer je één bent met de schepping, wanneer je hart alleen maar gevuld is met liefde, dan zal de hele natuur je vriend zijn en je dienen. Het zijn je egoïsme en kleingeestigheid die de schepsels van je weghouden."

Moeder stond nu achter de koeienstal. Toen Ze merkte dat de tank die de urine van de koeien opving, tot de rand toe vol was, zei Ze: "Kinderen, het verbaast Amma te zien dat niemand van jullie het initiatief heeft genomen om deze tank leeg te maken." Moeder riep toen de brahmachari die verantwoordelijk voor de koeien was, bij zich en vroeg: " Heb je dit niet gezien? Is het niet jouw plicht er voor te zorgen dat de koeienstal en de omgeving schoon worden gehouden? Kinderen, het maakt niet uit wat je doet. Het belangrijkste is hoe je het doet. Als je je werkzaamheden niet met liefde en toewijding uitvoert, hoe kun je dan spiritueel vooruitgaan? Amma wil niet veel zeggen. Kinderen, jullie moeten leren uit vrije wil en spontaan te handelen, zonder dat men je erom moet vragen." Na deze woorden begon Moeder zelf de tank met een emmer leeg te maken. Toen zij dit zagen, liep de hele groep naar voren. Aanvankelijk waren zij bang Moeder te benaderen omdat Ze misschien boos was en Zij hen niet zou laten helpen. Maar Moeder zei niets. Zij zagen dit als een teken van Haar instemming, haalden meer emmers en begonnen te helpen. Binnen een paar minuten was de tank schoon. Tegen de tijd dat het werk klaar was, zat Moeders jurk onder het vuil, maar daar gaf Ze niets om. Zij greep een bezem die in een hoek lag en begon het hele terrein rond de koeienstal te vegen. Hoewel iedereen Moeder verzocht het hen te laten doen, ging Zij door met vegen totdat de plaats er schoon uitzag.

Het was tijd voor de avondbhajans. Moeder ging naar Haar kamer en keerde enkele minuten later terug om iedereen te laten drinken van de gelukzaligheid van Haar liederen vol verheven gevoelens.

Angst verhindert spontaniteit

Toen de bhajans afgelopen waren, beantwoordde Moeder opnieuw minzaam enkele vragen. De toegewijden waren verheugd over de mogelijkheid om de kennis van deze oneindige bron van wijsheid aan te boren.

Vraag: "Amma, onlangs zei U dat iemand niet ontspannen kan zijn als hij in de greep van angst is en dat hij zich daardoor niet spontaan kan uiten. Wat veroorzaakt deze angst?"

Moeder: "De gedachte wat anderen van ons zullen denken, veroorzaakt deze angst. Het is de angst voor beoordeling. Het probleem ligt in het gevoel van anderszijn. Zolang deze angst blijft, zal je hart gesloten zijn en een gesloten hart kan zich niet uiten.

Neem bijvoorbeeld een student die gevraagd wordt in de klas een gedicht voor te dragen. Hij leert het gedicht door het thuis voor zich zelf te herhalen. Maar wanneer de student later het gedicht voor anderen probeert voor te dragen, wordt hij overvallen door angst, de angst voor beoordeling. Hij wordt overmand door de gedachte wat zijn vrienden en de leraar van hem zullen denken als hij een fout maakt. Zo vergeet hij plotseling alles wat hij heeft geleerd.

Wanneer de student alleen achter de gesloten deuren van zijn kamer zit, is hij ontspannen en niet bang. Temidden van anderen kan hij zich echter niet ontspannen. De gedachte dat zij naar hem kijken en hem kunnen beoordelen en bekritiseren, schept in hem een blokkade. Hij verliest dan het vermogen zich te uiten. Het gevoel anders te zijn schept deze angst en blokkeert de stroom van inspiratie en expressie. Het gevoel anders te zijn moet verdwijnen als we onszelf volledig willen uiten. We moeten leren ons altijd even ontspannen te voelen als wanneer we alleen in onze kamer zijn.

Een mooi lied kan alleen gezongen worden door een zanger die zowel zichzelf als het publiek vergeet. Een hartveroverend schilderij kan alleen ontstaan wanneer de kunstenaar zichzelf en alles om hem heen, zelfs de wereld, vergeet. Ieder gevoel van anderszijn moet verdwijnen als je je talenten in al hun volheid en schoonheid wilt uitdrukken. Het gevoel van anderszijn belemmert de stroom van je hart.

Amma kent een jongen die een zeer talentvol zanger is. Hij heeft een prachtige stem, maar steeds wanneer hij voor anderen probeert te zingen, faalt hij er volkomen in zijn gave te uiten. Hij trilt, baadt in het zweet en zingt vals. Arme jongen! In zijn angst voor veroordeling wordt hij overmand door gedachten zoals: 'Hoe zal ik voor al deze mensen zingen? Zullen zij het mooi vinden? Zal ik in staat zijn zuiver te zingen? Zoniet, wat zullen ze dan van me denken?' Dan wordt het onmogelijk voor hem om voor een publiek te zingen.

Kijk naar een Mahatma. Wanneer hij maar wil, kan hij zijn hele wezen met al zijn charme en schoonheid uitdrukken. Hij is door niets geconditioneerd. Het gevoel van anderszijn is bij hem afwezig en hij is zonder angst. Hij kan zich elk moment vrij bewegen en met iedereen omgaan, waar hij ook is. Hoe is dit mogelijk? Dit is mogelijk doordat hij iedereen als zijn eigen Zelf waarneemt. Voor hem is er alleen het Zelf"

Het klonk alsof Moeder over zichzelf sprak. Iemand die Moeder observeert, zal spoedig opmerken hoe vrij Zij met mensen omgaat en hoe Zij zich spontaan aan verschillende situaties aanpast, zonder het minste gevoel van onbekendheid. Niemand is een vreemde voor Haar en mensen zien Haar ook helemaal niet als een vreemde. Dat helpt de mensen zich te openen en al hun gevoelens met Moeder te delen. Zij voelen dat Moeder zeer dicht bij hen is, dat Zij hen toebehoort. En dat is waar. Niemand kan dichter bij ons zijn dan Moeder, want Zij is ons eigen meest innerlijke Zelf. Het gevoel anders te zijn is totaal afwezig in Haar. Omdat Moeder boven alle angst staat, kan Zij Haar hele wezen in elke situatie uitdrukken.

Alleenzijn en eenzaamheid

Vraag: "Wat is het verschil tussen eenzaamheid en innerlijke afzondering?"

Moeder: "Alleenzijn (innerlijke afzondering) helpt je je te ontspannen. Alleenzijn heeft niets te maken met eenzaamheid. Je kunt je eenzaam voelen wanneer je overmand wordt door gedachten en emoties. Stel je voor dat je een gelukkig gezinsleven hebt. Je werk is dicht bij huis. Je houdt ervan tijd met je gezin door te brengen. Dan stuurt het bedrijf je plotseling voor twee jaar naar het buitenland. Je wordt verzocht onmiddellijk te gaan en je kunt je gezin niet meenemen. Je verlaat je huis om je in een nieuwe plaats te vestigen. Wanneer je daar aankomt, voel je je intens verdrietig. Je lijkt al je kracht en enthousiasme te verliezen. Je moet voortdurend aan je vrouw en kinderen denken. De scheiding van je gezin maakt je eenzaam en hoe meer je hen mist hoe kwetsbaarder je je voelt. Wanneer je eenzaam bent, raak je gevoelsmatig van streek en wanneer je van streek bent, word je kwetsbaar. Je wordt een slaaf van je geest. In deze toestand ben je een gemakkelijk slachtoffer van iedere situatie en als gevolg daarvan verlies je je gemoedsrust. Iemand die eenzaam is, is onrustig en kan zich niet vredig of gelukkig voelen. Dit doet eenzaamheid met je.

Alleenzijn is daarentegen iets wat diep van binnen gebeurt. Het maakt dat je je tevreden en op je gemak voelt in iedere situatie. Of je nu fysiek alleen bent of in een grote menigte van vreemde mensen in het buitenland met een andere cultuur en taal, je zult intens gelukkig zijn en je zult spontaan zijn in de manier waarop je je uit. Iemand die dit innerlijk alleenzijn heeft ontwikkeld, kan niet door emoties overmand worden. Hij zal zich nooit verdrietig of leeg voelen. Niets kan de spontane stroom van zijn hart verstoren, wanneer hij in deze toestand is.

Je voelt je eenzaam wanneer je de slaaf bent van je geest. Alleenzijn daarentegen is een staat die je bereikt wanneer je meester wordt over je geest, wanneer je voorbij de geest gaat. Eenzaamheid is aan de buitenkant, het behoort tot het lichaam en de geest. Alleenzijn is van binnen, het behoort tot de Atman. Eenzaamheid is het resultaat van gehechtheid. Alleenzijn is het resultaat van onthechting. Eenzaamheid leidt je naar een toestand van duisternis en verdriet. Alleenzijn brengt licht en liefde in je leven.

Alleenzijn is niet hetzelfde als je afzonderen. Wanneer we op een prachtige, schilderachtige plaats zijn, ver weg van alle mensen, zijn we in afzondering. Maar in dit soort afzondering kan men nog steeds onrustig zijn, als alleenzijn of *innerlijke* afzondering niet is bereikt.

Je voelt je eenzaam wanneer je gespannen en prikkelbaar bent. Alleenzijn daarentegen wordt ervaren wanneer je op je gemak bent en vrij van alle spanning. Eenzaamheid sluit je hart en verhindert iedere mogelijkheid van zelfexpressie. Alleenzijn helpt je je volledig te openen en je natuurlijk en spontaan te uiten. Eenzaamheid is het kenmerk van iemand die gebonden is aan de wereld en zijn objecten en aan verlangens. Alleenzijn is het kenmerk van een ziel die vrij is van alle verlangens en van de objecten en genoegens van de wereld."

Vraag: "Hoe kunnen we deze staat van alleenzijn bereiken? Hoe kunnen we al onze angsten en gevoelens van anderszijn loslaten?"

Moeder: "Dit is alleen mogelijk door meditatie. Om zich volkomen ontspannen te voelen en uiteindelijk de staat van volmaakt alleenzijn te bereiken, moet de storende invloed van het verleden en de toekomst verdwijnen. Alleen dit moment bestaat en moet ervaren worden. Meditatie is de techniek om te leren in het huidige moment te zijn.

Door ons te concentreren op bijvoorbeeld een vorm, geluid of licht, leren we om voortdurend in die toestand van innerlijk alleenzijn te verkeren en om blij te zijn in elke situatie. Tevreden zijn in je eigen Zelf, door het Zelf en voor het Zelf is wat bedoeld wordt met innerlijk alleenzijn. Alle spirituele oefeningen zijn erop gericht om dit alleenzijn of deze concentratie van de geest te ervaren. In werkelijkheid hoeven we voor ons geluk niet afhankelijk te zijn van iets in de buitenwereld. We moeten onafhankelijk worden en alleen vertrouwen op ons eigen Zelf, de ware bron van alle vreugde. In de aanwezigheid van een ware Meester kan je dit alleenzijn het beste ervaren.

Verwar deze toestand van alleenzijn niet met het fysiek alleenzijn op een rustige plaats. Tenzij je je geest tot zwijgen hebt gebracht, zul je dit innerlijk alleenzijn niet vinden, ook al zit je op een rustige plek in een prachtige grot in de Himalaya's of in een mooi, afgelegen bos. Als de geest lawaaierig is, zul je geen echt alleenzijn ervaren, maar in de greep van de geest en zijn negativiteit blijven.

Er waren eens drie zoekers die de bergen in trokken om serieus *sadhana* te beoefenen. Voordat ze begonnen, besloten ze om een eed van stilzwijgen voor drie jaar af te leggen. Alle drie begonnen zij aan hun strenge ascese. Op een dag kwam er een paard voorbij. Bijna een jaar verstreek er toen één van hen op een mooie morgen zei: 'Dat was een prachtig wit paard.' Meer zei hij niet. Daarna werd er niets meer gezegd. Weer ging er een jaar voorbij toen de tweede man plotseling opmerkte: 'Nee, dat was geen wit paard. Het was een zwart paard.' Dat was alles. Opnieuw heerste er een jaar lang stilte. Toen uiteindelijk de drie jaar voorbij waren, zei de derde man: 'Genoeg is genoeg! Ik verlaat deze plaats onmiddellijk! Jullie hebben geen van beiden discipline en bovendien storen jullie anderen met jullie gepraat.'"

Iedereen lachte om Moeders verhaal.

"Kinderen, dit innerlijk alleenzijn kan alleen ervaren worden wanneer de geest rustig en stil is. Vanuit deze stilte zal de prachtige bloem van vrede en gelukzaligheid ontluiken. Wanneer je eenmaal dit alleenzijn ervaart, zul je altijd gelukzaligheid en vrede ervaren, waar je ook bent op deze planeet of in een andere wereld of zelfs in de onderwereld. Het maakt niet uit of je fysiek alleen bent of op de drukste plek ter wereld, je bent altijd blij en tevreden.

Een Satguru zal omstandigheden scheppen waardoor je dit alleenzijn in jezelf kunt vinden. De Meester onderwijst niets, maar in zijn aanwezigheid zullen er spontaan de juiste situaties ontstaan. Dit gebeurt omdat de Meester de belichaming van 'Dat' is. Hij is de schepper van iedere situatie die je zal helpen spiritueel te groeien. De Meester helpt je de deuren en ramen van je zintuigen te sluiten. Je zintuigen zijn de deuren en ramen waardoor je afdwaalt van je innerlijke Zelf. Je kunt het Zelf niet zien door de deuren en ramen van je zintuigen. In werkelijkheid heb je ze niet nodig om je Zelf te zien.

Stel je voor dat je in een heel prachtige, schilderachtige omgeving woont. Je bent in je huis en plotseling wil je een blik werpen op het mooie landschap buiten. Je opent de deur en wandelt naar buiten, of je blijft binnen en kijkt door het raam naar buiten. Maar wanneer je naar jezelf wilt kijken, is er geen reden om naar buiten te gaan. Je kunt de deur sluiten en je omkeren, want je weet dat je jezelf daarbuiten niet kunt vinden. Je bent hier binnen. Je hebt de naar buiten gerichte zintuigen nodig om de buitenwereld waar te nemen, maar door die zintuigen kun je het innerlijke Zelf niet ervaren. Want dit Zelf kun je nergens in de buitenwereld vinden. Je kunt het Zelf niet met je ogen zien. Je kunt het niet ervaren door één van de zintuigen, die alle naar buiten gericht zijn, in de tegengestelde richting van je Zelf. Als je het Zelf wenst te zien, moet je blind worden. Je moet de deuren sluiten en ophouden je aandacht naar buiten te richten, omdat het Zelf in je is. Wanneer je echter eenmaal je ware, innerlijke Zelf hebt gerealiseerd, kun je zoveel je wenst door de deuren van je zintuigen naar buiten gaan. Je ziet dan immers niet meer een wereld van verscheidenheid. Alles is getransformeerd tot één totaliteit. Maar als je dit wilt bereiken, moet je blind worden voor deze wereld van verscheidenheid. Wanneer je blind wordt voor de uiterlijke wereld, zelfs als je ogen open zijn, ontwikkel je het goddelijke, innerlijke oog, een nieuwe visie, het derde oog van oneindige kennis en wijsheid. Dat is wat je ziet in de ogen van een Mahatma.

Meditatie is de techniek die je in staat stelt de deuren en ramen van je zintuigen te sluiten, zodat je naar binnen kunt kijken en je Zelf kunt zien. Echte meditatie kan echter alleen ervaren worden in de aanwezigheid van een Satguru. Een ware Meester is voortdurend in meditatie, ook al zie je hem lichamelijk actief. Zijn aanwezigheid is de meest gunstige plaats voor de ontplooiing van je Zelf. In zijn aanwezigheid kun je dit innerlijk alleenzijn bereiken en daardoor al je angsten en gevoelens van anderszijn kwijt raken."

Moeder hield even op en in de stilte van de nacht begon Ze *Nilameghangale* te zingen...

> *O blauwe wolken!*
> *Hoe kregen jullie vandaag deze azuurblauwe kleur,*
> *de bekoorlijke, donkerblauwe kleur*
> *van het Kind van Nanda in Vrindavan?*
>
> *Hebben jullie het Kind, Kanna Krishna ontmoet?*
> *Hebben jullie met elkaar gesproken*
> *en naar elkaar geglimlacht?*
> *Heeft de blik van Zijn ogen, blauw als de lotus,*
> *jullie van top tot teen geliefkoosd?*
>
> *Heeft Kanna je verteld*
> *wanneer Hij voor mij zal verschijnen?*
> *Heeft Hij gezegd dat Hij me ook zal verwelkomen?*
> *Heeft Hij enkele troostende woorden gezonden*
> *voor de vrede van mijn geest?*

Eigen inspanning in de aanwezigheid van een Satguru

Toen zij Moeder hoorden zingen, kwamen er meer ashrambewoners uit hun hut en verzamelden zich rond Haar. Toen het lied ten einde was, bleef Moeder stil zitten. Ze keek omhoog naar de prachtige hemel die verlicht werd door de maan en talloze twinkelende sterren. Na een paar minuten werd er een andere vraag gesteld: "Amma, het klinkt alsof alles vanzelf gebeurt in de aanwezigheid van een ware Meester, zonder enige inspanning van onze kant. Maar is eigen inspanning niet nodig voor het openen van het innerlijke oog?"

Moeder: "Kinderen, zelfs eigen inspanning gebeurt spontaan in de aanwezigheid van een Meester, mits je de juiste houding, vertrouwen en begrip hebt. De intensiteit van de situaties die de Meester creëert is zodanig dat eigen inspanning plaatsvindt zonder dat je je daar bewust van bent. Net zoals een knop zich opent en een prachtige, geurende bloem wordt, zo zul je zelf ook natuurlijk en spontaan openbloeien in de aanwezigheid van een Satguru.

Natuurlijk is er zoiets als eigen inspanning. Maar wil deze inspanning vrucht dragen, dan moeten we eerst weten wat we moeten doen en op welke manier. Alleen een volmaakte Meester kan ons deze kennis geven. Door voortdurend in het gezelschap van de Meester te zijn krijgen we deze kennis en vanaf dat moment is het gemakkelijk. Je denkt dat je iets moet doen om bevrijding te bereiken. Maar het doel van de Guru-sishya relatie is om de leerling te laten weten dat er niets gedaan hoeft te worden, omdat *Moksha* (bevrijding) niet iets is dat van buitenaf tot je komt. Integendeel, het is iets wat deel uitmaakt van je wezen, iets wat je al bent.

De geest of het verleden is niet het probleem. Het probleem ligt in je *identificatie* met de geest en met je verleden. Deze domme gehechtheid, het gevoel van 'ik en mijn' vormt het probleem. Als je eenmaal de kunst hebt geleerd van het loslaten van je gehechtheid en van het getuige zijn, dan verandert er iets in de manier waarop je alles ziet.

Amma heeft een verhaal gehoord dat Zij als voorbeeld zal gebruiken. Er staat een fabriek in brand. De eigenaar van de fabriek is er vreselijk aan toe. Hij huilt en schreeuwt alsof hij gek geworden is. 'Alles gaat verloren!' schreeuwt hij. 'Al mijn rijkdom, alles wat ik door hard werken heb verdiend, is weg! Ik ben geruïneerd.' Dan komt er plotseling een vriend naar hem en zegt: 'Waarom huil je zo wanhopig? Weet je dan niet dat je zoon de fabriek gisteren heeft verkocht? Hij is niet meer van jou!' De fabriek brandt nog steeds, de situatie is niet veranderd, maar de man houdt onmiddellijk op met huilen. Het vuur in hem is opgehouden. Hij veegt zijn tranen af en glimlacht opgelucht. Net dan komt zijn zoon en zegt hem: 'Vader, waarom sta je daar maar te staan? Zie je dan niet dat de fabriek in vuur en vlam staat? Waarom doe je niets?' De vader zegt: 'Wat valt er te doen? Je hebt de fabriek toch verkocht.' Maar de zoon zegt hem: 'Nee vader, we hadden de fabriek gisteren bijna verkocht maar er ging iets mis waardoor de verkoop niet doorging.' Zodra de vader dit nieuws hoort, brengt hem dat opnieuw tot wanhoop en hij begint weer te snikken.

Het brandende gebouw is niet de oorzaak van zijn lijden. Zijn gehechtheid aan het gebouw is de werkelijke reden van zijn leed. De gedachte dat de fabriek van hem is, en later dat hij niet meer van hem is, schept totaal verschillende stemmingen in hem. Zijn aanvankelijke angst en wanhoop veranderen in geluk en opluchting om dan weer over te gaan in wanhoop. De uiterlijke situatie is niet veranderd, aangezien de fabriek blijft branden. De veranderingen vinden in hem plaats. Wanneer hij hoort dat de fabriek verkocht is, laat hij zijn gehechtheid los en slaat hij slechts gade hoe het gebouw afbrandt. Maar zodra hij het nieuws verneemt dat het gebouw toch niet verkocht is, wordt er gehechtheid geschapen, die hem opnieuw in verdriet onderdompelt. Als je je gevoelens van gehechtheid los kan laten, dan zul je altijd kalm zijn. Houd op je te identificeren met de wereld die je geest geschapen heeft, en een nieuwe wereld zal zich voor je openen. Je kunt nog steeds de eigenaar zijn van een groot huis, een prachtige auto en ander comfort, maar je bezit niet echt iets. Door je leven niet door deze levenloze voorwerpen te laten beïnvloeden, wordt je meester over hen.

Denk niet dat al je herinneringen aan het verleden zullen verdwijnen wanneer je de staat van volmaaktheid bereikt. Nee, de herinneringen zijn er nog steeds, maar je zult je nooit meer met hen identificeren. Wanneer je je identificatie met het verleden loslaat, wordt het verleden niets meer dan een bergruimte voor je herinneringen. Beschouw het verleden als een opslagruimte en niet als de ruimte waar je leeft. Wanneer je iets uit het verleden nodig hebt, ga je erheen en haal je het. Zodra je gevonden hebt wat je nodig hebt, verlaat je de ruimte. Je blijft er niet wonen. Dat moet je begrijpen. Verspil je tijd niet in de berging van je verleden, want dat is niet je thuis. Kom eruit en leef in het licht, de liefde en de vrijheid waar je thuishoort. Dit is de boodschap van een ware Meester. Je zult het leren door gewoon in zijn aanwezigheid te zijn. Nergens anders ter wereld kun je dit leren."

Hoofdstuk 8

Werk als aanbidding

Het storten van beton voor de nieuwe tempel was vandaag vroeg begonnen. Bijna alle ashrambewoners waren hard aan het werk. Ze droegen het beton in grote metalen schalen, die ze aan elkaar doorgaven. Kort nadat ze begonnen waren, kwam Moeder naar de bouwplaats en stond op het punt aan het werk deel te nemen. Brahmachari Balu smeekte Haar: "Amma, we zijn beton aan het storten, doe dit alstublieft niet! Waarom maakt U zich zorgen, wanneer er zoveel mensen zijn om het werk te doen. Amma, het cement geeft brandvlekken op Uw huid, als U het over U heen krijgt."

Moeder antwoordde: "Jij krijgt ook brandvlekken, niet alleen Amma."

Maar Balu hield vol: "Amma, doe dit alstublieft niet! Wij zullen het werk doen."

Moeder glimlachte naar hem en zei: "Zoon, Amma is blij om ieder soort werk te doen. Van jongs af aan moest Amma hard werken. Haar lichaam kende nooit rust. Maak je geen zorgen."

Verscheidene anderen probeerden ook Moeder ervan af te brengen aan het werk deel te nemen, maar hun pleidooien waren aan dovemansoren gericht. Met een stralende lach bond Moeder een doek om Haar hoofd en ging samen met Haar kinderen aan het werk. Zij tilde een metalen schaal met beton op Haar hoofd en droeg hem weg.

Iedereen was volkomen in beslag genomen door het werk, toen een brahmachari plotseling een met beton gevulde schaal uit zijn handen liet vallen, die met een klap op de grond viel. Hij slaagde erin terug te stappen net voordat die viel, zodat hij zijn voeten niet verwondde. Maar het cement spatte alle kanten op en maakte een paar vlekken op Moeders gezicht. De brahmachari zei: "Amma, vergeef me alstublieft mijn gebrek aan śraddha." Moeder glimlachte naar hem en zei: "Geen probleem! Dit is juist een deel van het spel." Moeder veegde Haar gezicht schoon met de handdoek die een brahmachari Haar aanreikte en ging verder met het werk. Terwijl zij werkten, zong Moeder "Om Namah Shivaya", en iedereen antwoordde in koor. Dit werd gevolgd door een ander lied, *Adiyil Parameswariye...*

Hoogste Oergodin, Moeder van alle werelden,
ik heb geen ander doel in deze wereld dan Moeder.

O Moeder, met prachtige ogen
als de bladeren van een blauwe lotus,
U houdt de drie werelden in stand.

O Maya, die in de lotusbloem verblijft,
O Schoonheid, Bron van alles,
bevrijd me van alle verdriet.

O Genadige, Vernietigster van hebzucht,
die ons door het land van transmigratie leidt,
bescherm me.
O Moeder, Schenkster van devotie en bevrijding
O Katyayani, overal befaamd, ik buig voor U.

O Godin van de aarde, die kennis en wijsheid zijt,
de enige vreugde en het enige voedsel,
U bent alles in de Schepping.
O Vervuller van alle wensen,
bevrijd me alstublieft van mijn trots.
Verblijf in mijn geest en verwijder mijn verlangens.

Moeder stond in de brandende zon. Een toegewijde probeerde een paraplu boven Haar hoofd te houden, maar Moeder weigerde die liefdevol en liep weg. Ze zei: "Nee, nee! Hoe kan Amma gebruik maken van een paraplu wanneer al Haar kinderen in de zon werken?"

Het werd heter. Zweetdruppels glinsterden op Moeders mooie gezicht. Moeder had nu twee uur lang onafgebroken gewerkt, maar Haar glimlach verdween geen moment. Zij veegde Haar gezicht af met een handdoek en zei: "Kinderen, probeer terwijl je werkt Gods aanwezigheid overal te voelen. Stel je voor dat allen die met je samenwerken, vonken van Goddelijkheid zijn. God draagt het zand, God geeft het beton aan God door. De metselaar, de mensen die de cement mengen, de metalen schalen, alles is doordrongen met Godbewustzijn. Probeer met dit gevoel het werk te doen. Dan zul je je tijd niet verdoen."

Moeder ging verder met het werk. Op een gegeven moment zette Zij de metalen schaal neer. Nu had Ze alleen de doek die als een tulband om Haar hoofd gevouwen was. Zij zag er zo leuk en aantrekkelijk uit dat enkele bewoners het werk even neerlegden alleen om naar Moeder te kijken, en op hun gezichten verscheen een glimlach.

Juist op dat moment kwam er een groep jongemannen Haar opzoeken. Ze waren reeds lang toegewijden van Moeder. Zij hadden enkele nieuwe mensen meegebracht. Moeder nam de tulband af en liep met hen naar de voorkant van de meditatiehal. Brahmachari Balu en twee andere brahmachari's voegden zich bij de groep. Zij wisten dat Moeder over spirituele onderwerpen zou spreken met de jongemannen, die nieuwsgierig en oprecht waren.

Nadat ze zich voor Moeder hadden neergebogen, zei een van hen: "Amma, het lijkt alsof U lang hebt gewerkt. U zult wel moe zijn."

"Zoon," antwoordde Moeder, "Je zult je alleen moe voelen wanneer er geen liefde in je handelen is. Je kunt niet door vermoeidheid en verveling overmand worden als je je werk met liefde doet."

Na wat lichte conversatie, stelde één van de nieuwkomers een vraag aan Moeder.

Of je erin gelooft of niet, je goddelijkheid blijft onveranderd

Vraag: "Amma, spiritualiteit raadt ons aan ons ego te elimineren. Maar wat heeft het voor nut het ego los te laten? Ik geloof dat het ego nuttig is. Het is niet waardeloos. Het is alleen dankzij het ego dat deze mooie wereld bestaat. Als deze wereld gaat verdwijnen wanneer het ego vernietigd wordt, dan houd ik liever aan mijn ego vast. Als ik mag kiezen, houd ik mijn ego. Ik zal het niet opgeven."

Moeder: "Zoon, je kunt niemand dwingen zijn ego op te geven. Niemand houdt ervan zijn ego los te laten. Het is zo dierbaar voor iedereen. Wanneer je echter de toestand zonder ego bereikt hebt, zal de wereld niet verdwijnen, zoals je wellicht denkt. De wereld gaat verder, maar er vindt een verandering in jou plaats. Er wordt iets onthuld. Je begint alles met de verwondering en de onschuld van een kind te zien.

Wanneer je het Zelf realiseert, bereikt het hele universum als het ware realisatie, omdat je je in deze staat de allesdoordringende aard van de Atman realiseert. Je ziet en ervaart de Atman overal. Wanneer de realisatie dat alles doordrongen is van Goddelijk Bewustzijn, in je ontwaakt, zie je ook dat elk menselijk wezen, alles in de schepping reeds Goddelijk is. Het enige verschil is dat jij weet dat zij en jij één zijn met de Hoogste Goddelijkheid, terwijl zij dat niet weten. Het is slechts zaak de waarheid te ontdekken.

Zoon, of je je ego nu loslaat of niet, goddelijkheid is je ware aard. Niets kan dat veranderen. Als je erop staat te zeggen: 'Ik ben het ego, het lichaam, de geest en het intellect', maakt dat geen enkel verschil. Je ware aard wordt niet in het minst beïnvloed door je gebrek aan begrip. Het is alsof je beweert dat de aarde plat is en niet rond. Als je blijft verkondigen dat de aarde plat is, omdat je gelooft dat het waar is, zal dat dan de vorm van de aarde in enig opzicht veranderen? Nee, natuurlijk niet. Op dezelfde wijze ben je vrij te geloven dat je het ego bent en dat het ego echt is, maar je zult desondanks blijven wat je bent: het Zelf (Atman). Je goddelijke aard zal niet veranderen of verminderen, zelfs als je er niet in gelooft.

Als iemand gelooft dat vuur koud is en ijs heet, zal dit dan het vuur koud maken en het ijs heet? Nee, dat is onmogelijk. Hetzelfde geldt voor jou en je ware aard.

Je kunt zeggen dat de ronde vorm van de aarde, de hitte van vuur en de koudheid van ijs bewezen feiten zijn, terwijl het Zelf, onze ware aard, alleen een kwestie van geloof is. Zoon, voordat bewezen werd dat de aarde rond is, was het slechts een overtuiging, gebaseerd op geloof, nietwaar? Er was een verschil van mening tussen de geleerden over de vorm van de aarde. Mensen dachten zelfs dat de aarde plat was. Later werd bewezen dat de aarde rond is, maar tot dan toe bleef de vorm van aarde een mysterie, een kwestie van geloof. Voordat de geleerden iets kunnen bewijzen, geloven ze gewoon dat iets waar is. Zij werken op basis van een bepaalde hypothese en wanneer die door hun experimenten bewezen is, verklaren ze die als waar. Alles is dus een kwestie van geloof, totdat het direct ervaren of wetenschappelijk bewezen wordt.

Net zoals wetenschappers hun verschillende theorieën hebben bewezen met hun werk in het laboratorium, zo hebben de heiligen en wijzen, die in hun innerlijke laboratorium werkten, het Zelf, de Hoogste Werkelijkheid, direct ervaren. Dit is niet de ervaring van één of twee individuen op een bepaald punt in de geschiedenis. Het is de ervaring van al diegenen over heel de wereld die hun innerlijke Zelf hebben onderzocht. Je kunt dus niet de authenticiteit ontkennen door te beweren dat het enkel een geloof is en niet iets wat gebaseerd is op feiten.

Alleen een knop kan ontluiken

Houd je ego, als je dat wilt, en laat het niet los. Niemand zal je dwingen het los te laten, omdat dwang hier niet zal werken. Het is als het openen van de blaadjes van een bloem. De knop moet op een natuurlijke wijze opengaan, zonder enige dwang van buitenaf. Alleen het natuurlijke bloeiproces zal alle schoonheid en geur van een bloem naar buiten brengen. Als je echter ongeduldig wordt en met geweld probeert de blaadjes te openen, zal de bloem sterven. Dwang zal het innerlijke proces van ontluiken alleen maar vernietigen.

Als een knop voor lange tijd gesloten is geweest, voelt hij een intens verlangen om zich te openen, uit te lopen en vreugdevol te dansen in de frisse bries van de open ruimte. De fase waarin de bloem in de knop zit, is als een gevangenis. Gevangenschap schept het verlangen naar vrijheid. Het creëert een intens verlangen om de ketenen te verbreken en naar buiten te komen. Je kunt zeggen dat het een onvermijdelijke wet is dat men eerst gebonden en gevangen moet zijn om werkelijk de vreugde van vrijheid te kennen. Want alleen een knop kan ontluiken. Voordat de bloem bloeit, moet hij eerst door het stadium van gesloten knop. De drang om zich te openen ontstaat in het knopstadium.

Op dezelfde manier noemen wij het hart in het gesloten stadium het ego. Voor het ontluiken denkt de knop op een bepaald moment misschien wel: 'Ik ben een knop en dat bevalt me prima. Deze wereld is zo mooi! Als ik de keuze had, zou ik het liefst zo blijven. Ze zeggen dat er een veel hogere staat is, waarin je een bloem bent, een toestand vol schoonheid en geur. Men spreekt over de kleurige blaadjes en de verfijnde geur die ik heb. Maar ik weet hier zelf niets van. Ik voel me best comfortabel en veilig zoals ik ben. Eigenlijk ben ik bang om te veranderen...'

Je kunt blijven waar je bent en redeneren zoveel je wilt, maar dat zal niet lang duren. De knop zal zich spoedig ongemakkelijk gaan voelen, een beetje rusteloos, een benauwd gevoel. En deze gevoelens zullen sterker worden. Wanneer het benauwde gevoel toeneemt, zal zich een sterk verlangen ontwikkelen om naar buiten te komen en je te bevrijden. En dit zal langzaam zijn hoogtepunt vinden in je volledige ontplooiing en bloei.

Het hart in het stadium van een bloemknop is het ego. Je ervaart dezelfde angst als de knop: 'Deze wereld is mooi zoals hij is. Ik ben bang dat dit alles zal verdwijnen. Als ik de keuze heb, houd ik liever vast aan mijn ego.' Je kunt op deze manier redeneren, dat geeft niet. Maar hoe veel je ook redeneert, het feit blijft dat je een potentiële bloem bent. Elke afzonderlijke knop is een potentiële bloem. Hij kan nu een knop zijn, maar dat betekent niet dat de verborgen bloem niet aanwezig is. Het is een onveranderlijk feit dat er in iedere gesloten knop een bloem wacht om te ontluiken. Misschien ben je sceptisch en ontken je het, maar geen enkele gedachte van je kan de waarheid veranderen. Je gedachten en je twijfels behoren tot de geest. Nee, de Waarheid kan niet veranderd worden. De Waarheid blijft de Waarheid, onbetwistbaar en onveranderlijk.

In zekere zin is het goed om zolang mogelijk een knop te blijven, in de gesloten staat van het ego, want hoe langer je in deze toestand verblijft, hoe meer je ernaar verlangt om eruit te breken. Hoe langer je in de gevangenis zit, des te sterker wordt je verlangen om de gelukzaligheid van vrijheid te genieten. Hoe langer je doorbrengt binnen de gesloten schaal van je ego, hoe meer kracht je zult krijgen voor de uiteindelijke doorbraak. Het is dus goed. Haast je niet. Blijf in je schaal en ga verder met redeneren en argumenteren zolang je wilt. Het is een goed teken, want het betekent dat je dichterbij komt.

Maar onthoud dit: niemand zal je dwingen je te openen. Je kunt niet gedwongen worden je ego los te laten. Als je kiest om je vast te houden aan je ego, dan is dat in orde. Je geeft de voorkeur aan de donkere wereld van de knop, je voelt je daar comfortabel. Je geest is zo vertrouwd geraakt met de duisternis in de gesloten knop, dat je in je onwetendheid gelooft dat de duisternis al het licht bevat dat je nodig hebt. Je beseft niet dat het zwakke schijnsel dat je waarneemt, slechts de enkele armzalige lichtstraaltjes zijn die er in slagen door de kleine scheurtjes van de knop heen te dringen. Het is als het flauwe licht in een kerker.

Het is alsof je al zolang in een kerker hebt doorgebracht dat je bent vergeten wat echt licht is. Je zegt tegen jezelf: 'Deze kerker is genoeg voor mij. Er is geen helderder licht dan dit. Ik wil niets anders.' Zelfs als iemand je zou vertellen over het schitterende zonlicht dat buiten de kerker beschikbaar is, zou je zeggen: 'Nee, dat kan niet waar zijn.' Maar de zon bestaat en zijn licht is de waarheid. Hoe zou het zonlicht op kunnen houden te bestaan, alleen omdat jij het ontkent? Het probleem ligt in jezelf en heeft niets te maken met de zon of zijn licht. Je moet naar buiten komen en het licht ervaren. Maar je voelt je veilig binnen in je kerker en bent bang om naar buiten te komen. Je maakt je ongerust over wat er zou gebeuren als je die verlaat. Je bezorgdheid is volkomen begrijpelijk, omdat je niet weet wat er buiten de kerker is. In jouw situatie heb je geen andere bron van informatie dan de woorden van degene die tegen je zegt: 'Kijk mijn vriend, er is een prachtige, schitterende wereld daarbuiten! Er is volop zonlicht, er zijn mooie bergen en dalen, sprankelende rivieren en bloeiende bomen. Er zijn een maan en ontelbare twinkelende sterren te zien. Kom met me mee. Ik weet er alles van omdat ik daar woon. Kom mijn vriend, ik zal je helpen vrij te zijn.' Je hoeft hem alleen maar te vertrouwen en in zijn woorden te geloven. Geef je aan hem over en neem een paar moedige stappen, zodat je weet waar hij het over heeft. Hij zegt tegen je: 'Mijn vriend, je bent helemaal niet vrij. Je zit geketend in een gevangenis. Volg mij en ik zal je het pad naar vrijheid tonen. Neem mijn hand en ik zal je daarheen leiden.'

Er zal niets gebeuren als je je verzet en zegt: 'Nee, het is niet waar! Deze kerker is de mooiste wereld die er bestaat. Ik geef er de voorkeur aan om hier te zijn. Dit licht is het enige licht en wat mij betreft zijn er helemaal geen zon, maan of sterren.'

Maar vroeg of laat zal de gevangenis zelf een instinctieve drang in je scheppen, een verlangen om de gelukzaligheid van vrijheid te ervaren. Elke mens heeft bewust of onbewust het verlangen om vrij te zijn en om onder alle omstandigheden vrede te ervaren. Daarom zal er op een gegeven moment een doorbraak plaatsvinden.

De zelfgeschapen schaal van het ego moet opengaan, zodat het hart zich volledig kan uiten. Maar het ego kan alleen worden gebroken door de pijn van de liefde. Net zoals de zaailing tevoorschijn komt wanneer het buitenste omhulsel van het zaadje openbreekt, zo ontvouwt het Zelf zich wanneer het ego breekt en verdwijnt. Wanneer er een bevorderlijke omgeving wordt geschapen, zal de potentiële boom in het zaad het ongemak van zijn gevangenschap in het omhulsel beginnen te voelen. Hij verlangt ernaar naar buiten in het licht te komen en vrij te zijn. Het is de intense drang van de sluimerende boom die de schaal openbreekt. Dit openbreken van de buitenste schil gaat gepaard met pijn, maar deze pijn valt in het niets bij de glorie van de volgroeide boom. Wanneer het zaad eenmaal uitkomt, wordt de schaal onbelangrijk. Op dezelfde wijze verliest het ego al zijn betekenis wanneer men eenmaal Zelfrealisatie heeft bereikt.

Zoon, als je gelooft dat het ego zo kostbaar is, mag je het houden. Maar jouw beurt zal ook komen. Je gesloten hart, je ego, kan niet voor altijd gesloten blijven. Het moet zich openen. Dit openen kan echter niet worden geforceerd.

Denk niet dat de wereld zal verdwijnen wanneer je eenmaal zonder ego bent en wanneer de knop van het ego zich heeft ontwikkeld tot de bloem van Zelfverwerkelijking. De wereld blijft zoals hij is, maar je zult er anders tegen aankijken. Een nieuwe wereld gaat voor je open. Je zult een wereld van wonderen en hemelse schoonheid in je ontdekken.

In de knop van het ego is het donker en benauwd. Wanneer de knop zich opent en de bloem tevoorschijn komt, wordt alles mooi en doordrongen van het meest schitterende licht. Je komt vanuit de duisternis in het stralende licht, van gevangenschap in vrijheid, van onwetendheid tot ware kennis. Deze wereld van verscheidenheid wordt getransformeerd naar volmaakte eenheid. Het gebeurt binnen in je, niet in de buitenwereld."

Het gebeurt vanzelf in de aanwezigheid
van een ware meester

Vraag: "Amma, U zei dat dit openen niet geforceerd kan worden. Wat doet de Meester dan om dit openen te laten gebeuren?"

Moeder: "Een ware Meester is een *aanwezigheid*, de aanwezigheid van Goddelijk Bewustzijn. Hij doet niets. In zijn aanwezigheid gebeurt alles gewoon zonder enige inspanning van zijn kant. Er kan alleen sprake zijn van inspanning als er een ego is. Een ware Meester heeft geen ego. Daarom is er geen sprake van inspanning van zijn kant. Zelfs de omstandigheden die de zoeker in staat stellen om in zijn eigen bewustzijn te duiken, ontstaan in de aanwezigheid van de Meester. Zo is het gewoon. Het kan niet anders zijn. De zon doet geen enkele moeite om zijn licht te scheppen, maar toch kan de zon alleen maar schijnen. Een bloem doet geen moeite om lekker te ruiken. Geurig zijn is gewoon een deel van zijn aard. Een rivier doet geen moeite om te stromen, hij stroomt gewoon. Het is allemaal zo natuurlijk. Mensen scheppen onnatuurlijke zaken, maar de natuur kan alleen natuurlijk zijn. En zo doet de volmaakte Meester niets speciaals om een geschikte situatie voor je groei te creëren. Enkel zijn aanwezigheid laat spontaan gebeuren wat nodig is. Er komt van zijn kant geen inspanning bij kijken. Zijn aanwezigheid is de meest bevorderlijke omgeving voor het openen van je hart. Zo is het nu eenmaal.

De zon doet niets speciaals om een lotus te laten bloeien. De zon schijnt gewoon aan de hemel en alleen door zijn aanwezigheid openen alle lotusbloemen zich in de vijvers en meren op aarde. De zon doet niets. Hij schijnt gewoon. Hij doet er geen moeite voor. Zo ook is de aanwezigheid van een volmaakte Meester als de stralende zon die de lotus van ons hart laat bloeien. Er is geen sprake van dwang. Zijn oneindig liefdevolle en meedogende aanwezigheid heeft de kracht om de rots van het ego te laten smelten. Het ego smelt en er wordt een stroom van de hoogste liefde geschapen. De Meester doet niets.

Enorme ijsmassa's smelten door de hitte van de zon. De ijsmassa's op de bergtoppen van de Himalaya's smelten en stromen naar beneden de dalen in. Zij worden rivieren en stromen waarvan de mensen kunnen drinken en waarin ze zich kunnen baden. De aanwezigheid van de Satguru kan gemakkelijk ons rotsachtige ego laten smelten en een prachtige stroom van universele liefde en mededogen scheppen.

De Meester is gewoon aanwezig, er komt geen inspanning aan te pas. Hij is er gewoon. In zijn goddelijke aanwezigheid gebeurt alles spontaan. De aarde dwingt ons nergens toe evenmin als de zon, de maan, de sterren of wat dan ook in de natuur. Alles is er gewoon. Alleen zelfzuchtige, egoïstische mensen proberen elkaar dingen op te dringen.

Zolang je je identificeert met je lichaam, zul je proberen dingen te forceren, maar als je eenmaal voorbij het lichaam gaat, kun je niets meer forceren. Als je eenmaal voorbij het lichaam gaat, als je eenmaal zonder lichaam bent, betekent dit dat je zonder ego bent. Het gebruik van dwang wordt dan onmogelijk.

Door de aanwezigheid van de zon aan de hemel gebeuren er ontelbare dingen op aarde. De zon is de energiebron die nodig is om de schepping te laten bestaan. Zonder de zon en zijn stralen zouden mensen, dieren en planten niet kunnen bestaan. Maar de zon legt aan niemand iets op. De zon is er, en enkel door zijn bestaan gebeurt alles gewoon.

Hetzelfde geldt voor een volmaakte Meester. De zon die we aan de hemel zien, is slechts een kleine manifestatie van het oneindige Bewustzijn. De kracht van de zon is maar een uiterst klein deeltje van de totale kosmische energie. De Meester is echter *Purnam* (het Geheel). Hij is dat oneindige Bewustzijn zelf. Wat er ook nodig is voor de menselijke ontwikkeling, gebeurt vanzelf in zijn aanwezigheid. Hij hoeft geen enkele inspanning te doen. Een volmaakte Meester is de totaliteit van alle leven, gemanifesteerd in een menselijke vorm. In zijn aanwezigheid ervaar je het leven in al zijn intensiteit en levendigheid."

Iedereen was diep geabsorbeerd en vol aandacht toen Moeder sprak. Het was alsof de Bron van Kennis stroomde vanuit Haar oorsprong, zoals de heilige Ganga van de toppen van de Himalaya naar de dalen beneden stroomt, zodat iedereen in zijn zoete, heilige water kan baden. Terwijl iedereen stil naar Moeders stralende gezicht zat te kijken, ging men geleidelijk in diepe meditatie. Pas toen Moeder een *kirtan* begon te zingen, werden zij zich weer bewust van hun omgeving. Moeder zong het lied

Kodanukoti waardoor Zij golven van gelukzaligheid en opperste liefde creëerde.

> *O Eeuwige Waarheid,*
> *miljoenen jaren heeft de Mensheid U gezocht.*

> *De oude wijzen gaven alles op,*
> *en met als doel het Zelf door meditatie*
> *in Uw Goddelijke Stroom te laten stromen,*
> *verrichten zij eindeloze jaren ascese.*

> *Uw oneindig kleine Vlam,*
> *voor iedereen onbereikbaar,*
> *schijnt als het felle licht van de zon.*
> *Hij staat volmaakt stil, zonder te flikkeren,*
> *in de sterke wind van een orkaan.*

> *De bloemen en kruipplanten,*
> *de schrijnkamers en tempels,*
> *met hun pas geïnstalleerde heilige zuilen,*
> *hebben eeuwenlang op U gewacht*
> *en toch blijft U onbereikbaar.*

Moeder zat enige tijd in stilte naar de hemel te staren en ging toen verder met Haar zoete, diepgaande conversatie.

Liefde kan alleen bestaan waar geen dwang is

"Echt leven, het werkelijke, zinvolle leven is bijna van de aardbol verdwenen. De mensen en de hele maatschappij zijn mechanisch en gevoelloos geworden. Onderhandelen en competitie hebben overal de overhand. Men vindt dit zelfs terug in het gezinsleven, waar een atmosfeer van diepe liefde en zorg zou moeten zijn en waar men het leven in al zijn volheid zou moeten ervaren. De mens is in zijn egoïsme en hebzucht en zijn gebrek aan liefde en mededogen verworden tot een harteloze machine, die alleen vertrouwd is met geweld en dwang.

De mechanische geest van de mens gebruikt graag geweld. We zijn gewend geraakt aan egoïsme, competitie, woede, haat, jaloezie en oorlog. Onze bekendheid met liefde is slechts oppervlakkig. We zijn beter bekend met de negatieve neigingen en weten slechts hoe we moeten dwingen en onze wil opleggen. Geweld vernietigt echter iedere mogelijkheid om liefde te laten groeien.

Alleen woede en haat kunnen dwingen. Neem bij voorbeeld oorlog. Oorlog is een extreme vorm van het gebruik van geweld. Oorlog is de optelsom van de woede, haat, wraak en alle negatieve gevoelens van een volk. Wanneer het collectieve bewustzijn van een land als een vulkaan tot uitbarsting komt, noemen we dat oorlog. Landen in oorlog proberen elkaar hun ideeën en voorwaarden op te leggen.

Liefde kan niet dwingen, want liefde is de aanwezigheid van Zuiver Bewustzijn. En deze aanwezigheid kan geen dwang uitoefenen. Het is er eenvoudig. Echte liefde wordt ervaren wanneer er geen voorwaarden zijn. Voorwaarden stellen betekent dwang uitoefenen. Maar waar liefde is, kan geen sprake zijn van dwang. Voorwaarden bestaan alleen als er verdeeldheid is. Dwang wordt gebruikt wanneer er dualiteit is, een gevoel van 'ik en jij'. Je gebruikt dwang omdat je de ander als anders dan jezelf waarneemt. Maar dwang kan niet bestaan wanneer er slechts één is. De hele gedachte aan geweld verdwijnt in deze staat. Je bent er eenvoudig. De universele levenskracht stroomt door je heen, je wordt een open doorgang. Je vertrouwt jezelf toe aan het Hoogste Bewustzijn. Je verwijdert alles wat de stroom heeft belemmerd. Je verwijdert de zelf geschapen dam en laat de rivier van de allesomvattende Liefde zijn loop volgen.

Als de stralende zon en de altijd waaiende wind

Het is alsof je je voor lange tijd in een kamer hebt opgesloten en je nu eindelijk alle ramen en deuren opengooit. Je hebt geklaagd: 'Waarom is er geen zonlicht in deze kamer? En waarom is er geen wind hier?' Maar nu besef je wat het licht en de wind tegenhield. De zon scheen steeds en de wind waaide altijd. Ze hielden nooit op. Toen je in de kamer zat met alle deuren en ramen gesloten, bleef je klagen. Je beschuldigde de zon en de wind ervan dat ze bij je wegbleven. Nu besef je dat de fout helemaal bij jezelf lag en niet bij de zon of de wind. Dus open je de deuren en ramen, zodat de wind en het licht naar binnen kunnen stromen.

Wanneer je opendoet, zul je ontdekken dat de zon altijd heeft geschenen en dat de wind aldoor heeft gewaaid en dat ze de zoete geur van Goddelijkheid met zich meedragen. Er zijn geen voorwaarden en er wordt geen dwang uitgeoefend. Je laat slechts de deur van je hart zich openen, de deur die nooit op slot was. Hij was altijd open, maar in je onwetendheid dacht je dat hij op slot was.

De gebruikelijke uitdrukking is: 'Ik houd van jou'. Maar in plaats van 'Ik houd van jou' zou het beter zijn te zeggen: 'Ik ben liefde. Ik ben de belichaming van Zuivere Liefde'. Verwijder het 'ik en jij' en je zult merken dat er alleen Liefde is. Het is alsof de Liefde gevangen zit tussen het ik en het jij. Verwijder het ik en het jij, want zij zijn onecht. Het zijn zelf opgetrokken muren die niet bestaan. De kloof tussen 'ik en jij' is het ego. Wanneer het ego verwijderd is, verdwijnt de afstand evenals het 'ik en jij'. Zij smelten samen tot één, en dat is Liefde. Jij verschaft het 'ik en jij' hun realiteit. Ondersteun ze niet langer en ze zullen verdwijnen. Dan zul je je realiseren niet dat 'ik van je houd', maar dat 'ik die allesomvattende Liefde ben.'

Kinderen, steeds wanneer je door een moeilijke periode in je leven gaat, denk dan bij jezelf: 'Ik verwacht geen enkele liefde van anderen, omdat ik niet iemand ben die de liefde van anderen nodig heeft. Ik ben de Liefde zelf. Ik ben een onuitputtelijke bron van liefde, die altijd liefde zal geven, en niets anders dan liefde, aan iedereen die naar me toe komt.'

De aanwezigheid van een volmaakte Meester is de aanwezigheid van Goddelijke Liefde. Goddelijke Liefde kan niet dwingen. Het is er gewoon voor ons welzijn. Zelfs wereldse liefde kan niet worden gedwongen. Wat dan te zeggen over Goddelijke Liefde die voorbij alle beperkingen gaat?

Wanneer twee geliefden elkaar ontmoeten en verliefd worden, spreken ze niet over bepalingen of voorwaarden, voordat ze van elkaar beginnen te houden. Als zo'n bespreking plaats zou vinden, zou er geen liefde zijn. Wanneer de geliefden elkaar zien, stromen hun harten spontaan over. Ze worden onweerstaanbaar tot elkaar aangetrokken. Er is geen dwang of inspanning nodig, geen woorden of voorwaarden. Liefde ontstaat wanneer je niets forceert, wanneer je volledig aanwezig bent zonder het gevoel van 'ik en mijn' dat de stroom belemmert. Het minste gebruik van dwang zal de schoonheid van liefde vernietigen, waardoor de liefde niet kan stromen."

Hoofdstuk 9

Voel de pijn van hen die lijden

Tijdens de ochtenddarshan kwam er een vrouw, die eruit zag alsof ze erg arm was. Zij smeekte Moeder, met tranen in haar ogen: "Amma, er heerst een verschrikkelijke kippenziekte in mijn dorp en mijn eigen kippen hebben deze ziekte nu gekregen. Amma, red ze alstublieft."

Een brahmachari die naast Moeder zat, vond dit maar niets. Hij dacht: "Wat een onnozele klacht. Het is zo druk vandaag. Waarom moeten mensen Moeder lastigvallen met zulke alledaagse zaken, in plaats van onmiddellijk de hut te verlaten zodra ze voor Moeder hebben gebogen?" Terwijl deze gedachte door zijn hoofd flitste, gaf Moeder, die bezig was de vrouw te troosten, de brahmachari een strenge blik en zei: "Leer de gevoelens en het verdriet van anderen te begrijpen." De brahmachari trok wit weg. Hij stond versteld toen hij zich realiseerde hoe Moeder hem onmiddellijk betrapt had door zijn gedachten te lezen.

Moeder troostte de vrouw op Haar spontane en liefhebbende wijze. Zij gaf haar heilige as om op haar zieke kippen aan te brengen. De vrouw glimlachte opgelucht en nadat ze Moeders darshan had ontvangen, verliet ze gelukkig de hut.

Toen de vrouw weg was, keerde Moeder zich naar de brahmachari en zei: "Zoon, je kunt het lijden van die dochter niet begrijpen. Weet je iets af van de moeilijkheden en het leed die mensen in deze wereld ondergaan? Als dat zo was, zou je haar klacht niet dwaas of onbelangrijk gevonden hebben. Je hebt nooit het verdriet van het leven gekend. Alleen als je zelf lijden hebt ervaren, zul je in staat zijn de bezorgdheid van deze dochter om haar kippen te begrijpen. Haar enige bron van inkomsten is de verkoop van de eieren van deze kippen. Als zij sterven, zal haar gezin verhongeren. Deze kippen zijn alles voor haar. Ze zijn alles wat ze bezit. Wanneer Amma denkt aan het harde leven dat deze vrouw leidt, kan Ze haar zorgen op geen enkele manier onbelangrijk vinden. Met het beetje geld dat zij met de verkoop van haar eieren weet te sparen, bezoekt ze Amma één of twee keer per maand. Omdat Amma zich bewust is van haar moeilijkheden, geeft de ashram haar soms het busgeld. Zij heeft een moeilijk leven, maar kijk naar haar overgave en haar liefde voor Amma. Probeer haar eenvoud en onschuld te zien en daarvan te leren. Wanneer Amma aan zulke mensen denkt, smelt Amma's hart en vindt Ze het moeilijk Haar tranen te bedwingen. Zij die altijd voldoende voedsel hebben gehad om hun honger te stillen, kunnen de honger van iemand die verhongert niet begrijpen.

Weet je, zoon, er zijn drie soorten mensen in deze wereld. Er zijn mensen die niets hebben, er zijn er die net rondkomen en de derde soort zijn zij die veel meer bezitten dan ze nodig hebben. Als nu de mensen die tot de derde categorie behoren, niets doen om de mensen uit de twee andere categorieën te helpen, dan zijn zij die tot de derde categorie behoren en als rijk gezien worden, volgens Amma in feite armer dan de armsten. Zij die veel meer bezitten dan ze nodig hebben, moeten oog hebben voor het lijden van anderen. Zij moeten oren hebben om de wanhopige noodkreten te horen. Zij moeten een liefdevol hart hebben, waarmee zij mededogen voelen voor hen die lijden. Zij moeten hulpvaardige handen hebben waarmee ze hulp geven aan hen die in nood verkeren. Kinderen, luister naar de wanhopige roep om hulp! Niemands leed is onbelangrijk. Om werkelijk hun bedroefde woorden te horen, moet je een meedogend hart hebben, een hart dat je in staat stelt het lijden van anderen te zien en te voelen alsof het je eigen leed was. Probeer je in hun wereld te verplaatsen en voel de pijn in hun hart. Als je dit niet kunt bent, zijn alle spirituele oefeningen die je doet, een nutteloze verspilling."

Bij het horen van Moeders krachtige woorden, kreeg de brahmachari echt berouw. Met tranen in zijn ogen vroeg hij om vergeving van de fout die hij gemaakt had.

Sinds het begin van de darshan had een jonge man intens naar Moeder zitten kijken. Hij was universitair docent in Nagpur. De dag dat hij in de ashram aankwam had hij haast en zei: "Ik kom alleen voor Moeders darshan en dan vertrek ik. Ik heb enkele dringende zaken af te handelen zodra ik in Nagpur terug ben." Maar er waren nu verscheidene dagen voorbijgegaan en hij was nog steeds in de ashram. Moeder zei tegen de andere toegewijden: "Iedere dag komt hij naar Amma en zegt hij: 'Ik vertrek vandaag'. Iedere dag geeft Amma hem toestemming om te gaan door te zeggen: 'Oké zoon, ga en kom terug.' Maar hij vertrekt nooit."

De universitair docent, die geen Malayalam sprak, begreep niet waarover Moeder sprak, maar omdat iedereen naar hem keek, veronderstelde hij dat Moeder over hem sprak. Een toegewijde kwam hem te hulp en vertaalde wat Moeder net had gezegd. Hij antwoordde: "Ik vertrek helemaal niet meer. Waarom dan praten over weggaan en terugkomen?"

Moeder antwoordde glimlachend: "Maar Amma kent ook de truc om jou weg te jagen".

Iedereen lachte. Terwijl de darshan verder ging, zongen de brahmachari's *Prema Prabho Lasini...*

> *O Godin,*
> *die onsterfelijke gelukzaligheid geniet,*
> *die in de schittering van liefde verblijft,*
> *en van wier zoete glimlach*
> *het licht van gelukzaligheid stroomt...*

U bent de Ene,
die met de golven van de Rivier
van Onsterfelijke Gelukzaligheid
diegenen liefkoost die op zoek zijn naar het pad
naar een leven zonder angst voor zonde.

Uw Lotusvoeten,
rijk omgeven door het licht
van het Allerhoogste Zelf,
verlenen geluk door de gebondenheid
van het worden te vernietigen.

Laat Uw onvernietigbare Licht schijnen op mij,
wiens hart voor U neerbuigt,
zodat ik mag opgaan in de Universele Ziel.

Het gevoel van gebondenheid

Een brahmachari stelde een vraag: "Amma, de geschriften zeggen dat het gevoel van 'ik en jij' onecht is, dat het een zelf opgetrokken muur is die niet bestaat, en dat wij er zelf realiteit aan toekennen. Als het onecht is en als alles één is, waarom ervaar ik dan het verschil?"

Moeder: "Je onwetendheid over je eenheid met het geheel, veroorzaakt het verschil. In werkelijkheid is er geen gebondenheid, geen muur die je van je goddelijke natuur scheidt. De muur of de gebondenheid is een illusie die door de geest is geschapen. Verwijder de illusie en je geest zal tegelijkertijd verwijderd worden.

Er was eens een herdersjongen die iedere ochtend de koeien naar de weiden bracht en hen 's avonds weer terug naar de stal leidde. Voor hij 's avonds vertrok, controleerde hij of alle koeien goed aan hun paal waren vastgebonden. Op een avond ontdekte

144

hij dat één van de koeien haar touw kwijt was. De jongen bevond zich in een benarde positie. Hij kon de koe niet los achterlaten, omdat ze dan waarschijnlijk weg zou lopen en zou verdwalen. Omdat het al donker was, was het te laat om een nieuw touw te gaan kopen. De jongen ging naar de monnik die verantwoordelijk was voor de plaats, en vroeg om zijn advies. De monnik zei tegen hem: 'Je hoeft je geen zorgen te maken. Ga gewoon terug naar de koe, ga naast haar staan en doe alsof je haar vastbindt. Zorg ervoor dat de koe ziet wat je doet. Dat is voldoende. De koe zal op haar plek blijven staan.'

De jongen ging terug naar de stal en deed wat de monnik hem gezegd had. Hij deed alsof hij de koe aan de paal vastbond. Toen hij de volgende ochtend terugkeerde, constateerde hij tot zijn verbazing dat de koe de hele nacht volkomen stil was blijven liggen. De jongen maakte zoals gewoonlijk alle koeien los en stond op het punt naar de weiden te gaan, toen hij merkte dat de koe zonder touw nog steeds naast de paal lag. Hij probeerde haar naar de kudde te leiden, maar ze verroerde zich niet. De jongen was stomverbaasd. Hij ging opnieuw naar de monnik om raad te vragen. De monnik luisterde naar de jongen en glimlachte. 'Kijk mijn kind', zei hij, 'de koe denkt nog steeds dat zij aan de paal vastgebonden is. Gisteren, toen het touw ontbrak, deed je net alsof je haar vastbond. Vanochtend heb je alle koeien losgemaakt, behalve deze ene. Je dacht dat het niet nodig was, omdat ze in feite niet vastgebonden is. Maar omdat je gisteren deed alsof, gelooft de koe nog steeds dat ze aan de paal vastgebonden is. Je moet dus teruggaan en doen alsof je haar losmaakt.' De jongen ging terug naar de koe en deed alsof hij haar losmaakte. De koe stond onmiddellijk op en rende naar de kudde.

Wij bevinden ons in een soortgelijke situatie. De gebondenheid of de scheidingsmuur is door ons zelf gecreëerd. De muur is door het ego geschapen, maar het ego is ook onecht, het is een illusie die niet op zichzelf bestaat. Het lijkt echt door de kracht die het ontvangt van de Atman. Het is bezield door de Atman. Het ego kan vergeleken worden met dode materie, want zonder het Zelf is het levenloos. Hecht niet langer belang aan het ego. Leer het te negeren. Dan zal het zich terugtrekken en verdwijnen. Wij geven het onechte ego zijn realiteit. Ontmasker het en dan is het afgelopen.

Door onze onwetendheid geloven we dat we gebonden zijn, net zoals de koe, terwijl we in feite volkomen vrij zijn. We moeten hier echter van overtuigd worden. Wanneer onze onwetendheid over onze ware aard, over onze vrijheid wordt verwijderd, dan verdwijnt ook onze gebondenheid.

Amma kent een man die lange tijd geketend was. Hij was volkomen krankzinnig en moest in een psychiatrische inrichting opgenomen worden. Uiteindelijk mocht hij naar huis. Maar ze moesten zijn handen op zijn rug binden en hem in een kamer opsluiten. Zijn handen waren gebonden omdat hij vaak gewelddadig werd en mensen aanviel. Na vele jaren van behandeling herstelde hij uiteindelijk. Maar zelfs vandaag de dag kan men zien dat hij altijd zijn handen op zijn rug houdt, alsof ze gebonden zijn. Toen Amma hem ontmoette, vertelde hij Haar dat hij na al die tijd nog steeds het gevoel heeft dat zijn handen op zijn rug zijn vastgebonden. Wanneer iemand hem een kop thee aanbiedt of wanneer hij op het punt staat te eten, vindt zijn geest het moeilijk om zijn handen te bewegen. Het duurt een paar seconden voordat hij zich realiseert dat zijn handen niet meer op zijn rug gebonden zijn. Soms moeten anderen hem eraan herinneren dat zijn handen los zijn. Zijn handen zijn los, maar hij moet eraan herinnerd worden. Er is geen echte gebondenheid, er is alleen gebondenheid die je jezelf oplegt.

Hetzelfde geldt voor ons. Zolang er een gevoel van gebondenheid is, hebben we de hulp van een volmaakte Meester nodig, die ons de weg kan wijzen en tegen ons kan zeggen: 'Kijk, je bent helemaal niet gebonden. Je bent de almachtige Atman, het Zelf. Laat die illusie los en stijg op naar de hemelen van het Allerhoogste Bewustzijn.' De Meester doet alsof hij het touw dat je aan de paal van wereldse objecten en geneugten bindt, losmaakt. Wanneer de illusie eenmaal is verwijderd, dan realiseer je je dat je altijd in dit Bewustzijn verkeerde, dat je er nooit en te nimmer van af bent gedwaald.

De leiding en aanwezigheid van een volmaakte Meester is het licht dat je pad verlicht. Zijn aanwezigheid helpt je de zelfgemaakte muur van het ego te zien. Door het onwerkelijke karakter van je gebondenheid te begrijpen, kan die gemakkelijk verwijderd worden. Je verkeerde begrip van je relaties met mensen, met de wereld en met de objecten van de wereld, schept gebondenheid."

Een eenheid, niet een relatie

Vraag: "Amma, zegt U dat relaties gebondenheid veroorzaken?"

Moeder: "Ja, een relatie schept gebondenheid als men niet het juiste begrip en onderscheidingsvermogen heeft. De waarheid is dat een relatie alleen kan bestaan zolang je waarneemt dat er twee zijn. Wanneer eenmaal verwerkelijking van het Zelf ontstaat, kan er geen sprake meer zijn van een relatie, omdat de twee verdwijnen. Vanaf dat moment is er slechts eenheid en totale onthechting.

Wanneer alle gevoel van dualiteit verdwijnt, verdwijnen ook alle relaties. Twee mensen, gezinnen of landen kunnen een relatie hebben. Maar wanneer alles één is, kan er niet langer van een relatie sprake zijn. Dan is er slechts Eenheid, een allesomvattend bewustzijn. Relaties binden je, terwijl volmaakt bewustzijn van het Zelf je van alle gebondenheid bevrijdt. In een relatie ben je als een gekooide vogel. Verwerkelijking van het Zelf bevrijdt je uit de kooi van het ego en maakt je vrij.

Het lichaam en zijn verschillende delen zijn één, vormen een eenheid, hoewel ze schijnbaar verschillend zijn. De handen, benen, ogen, neus, oren en alle innerlijke organen maken deel uit van het geheel. Het is een eenheid, één lichaam, niet een relatie. Op dezelfde wijze maken de takken, bladeren, bloemen en vruchten van een boom allemaal deel uit van de hele boom. Je kunt het geen relatie noemen.

Wanneer de zelfgeschapen muur van het ego wordt afgebroken, zul je beseffen dat het dualistische karakter van de wereld slechts een uiterlijke verschijning is en dat in essentie alles één geheel vormt, één enkele eenheid.

We hechten veel te veel belang aan de uiterlijke wereld, terwijl we onze innerlijke wereld negeren. Dit zal de intensiteit van onze onwetendheid alleen maar vergroten. Als we teveel nadruk leggen op onze relatie met de buitenwereld, terwijl we de innerlijke wereld negeren, zal dit de kloof tussen ons en ons ware Zelf vergroten."

Moeder hield op met spreken en vroeg de brahmachari's een lied te zingen. Zij zongen *Sukhamenni Tirayunna...*

> *Jij die overal naar geluk zoekt,*
> *hoe kun je dat vinden*
> *zonder afstand te doen van je ijdelheid?*
> *Hoe kun je gelukkig zijn*
> *totdat de meedogende Moeder van het Universum*
> *in je hart schijnt?*
>
> *De geest waarin toewijding aan Shakti,*
> *de Hoogste Macht, niet levend is,*
> *is als een bloem zonder geur.*
> *Zo'n geest zal gedwongen zijn*
> *om in ellende heen en weer te slingeren*
> *zoals een blad op de golven van de woelige oceaan.*

Laat je niet grijpen door de klauwen
van de aasgier van het lot.
Vereer het Zelf in afzondering.
Houd op met het verlangen
naar het resultaat van je handelen.
Aanbid de vorm van het Universele Zelf
in de bloesem van je hart

Geef de omstandigheden niet de schuld

Toen het lied over was, ging Moeder verder met spreken: "Mensen hebben een natuurlijke neiging om kritiek te uiten op de situaties in het leven. We klagen altijd over de omstandigheden en geven de wereld de schuld van ons verdriet, ons lijden en onze angst. Deze gewoonte om te klagen en tekortkomingen te zoeken in de buitenwereld en de situaties daarin, komt door onze onwetendheid over onze ware aard, dat we het Zelf (Atman) zijn. De Atman is voorbij alle beperkingen en wordt niet geraakt door iets wat ons overkomt, of dit nu goed is of slecht.

Een man wandelde in een bos vol mangobomen. Plotseling viel er een rotte mango met een klap op zijn kale hoofd. Zijn hoofd zat onder het sap van de rotte mango. Het druppelde zelfs over zijn wangen. De man was woedend en begon de mango, de mangoboom en de vogel die hem had losgepikt, te vervloeken. Maar vooral vervloekte hij de wet van de zwaartekracht zelf! Is het niet dom om zo te reageren? We zouden onszelf belachelijk maken. Maar gezien vanuit een hogere staat van bewustzijn is dat precies wat we doen.

Als we even nadenken over het bovenstaande voorbeeld, dan zien we dat de situatie zelf duidelijk geen blaam treft. Zou het niet absurd zijn om de wet van de zwaartekracht te vervloeken? Of de boom en de vogel? Hoe zou de wet van de zwaartekracht kunnen veranderen? Rot of niet, een mango kan moeilijk omhoog vallen. Hij moet naar beneden vallen, omdat dat een natuurwet is. Als mango's rijp zijn, vallen ze ofwel vanzelf van de boom of ze worden soms losgepikt door een vogel. Iemand met ook maar een beetje intelligentie ziet hier niets verkeerds in. De situatie op die manier zien zou duidelijk verkeerd zijn. Wanneer we dit eenmaal op een dieper en subtieler niveau waarnemen, en leren de situaties in het leven te accepteren in plaats van ons ertegen te verzetten, dan zullen we ontdekken dat het leven uitermate mooi is.

Geef de omstandigheden en ook anderen niet de schuld. Verwijder je eigen zwakheden. Je mislukkingen en je gekwetste gevoelens, je angsten en je zorgen zijn allemaal te wijten aan zwakheden in jezelf. Deze zwakte staat bekend als onwetendheid. Je identificeert je met je gedachten die op een volledige misvatting gebaseerd zijn.

Het volgende verhaal zal helpen om het onwerkelijke karakter van de wereld te begrijpen. Na de *rajasuya yagna* (het koninklijke feest van de vrijgevigheid) verricht te hebben, nodigden de Pandava's hun neef Duryodhana en zijn broers uit om nog een paar dagen in Indraprastha, het koninklijke verblijf van de Pandava's te blijven. Duryodhana stemde hiermee in. Op een dag bekeken ze het prachtige paleis dat zeer vakkundig ontworpen was. In één van de zalen was de vloer zo gepolijst en doorzichtig, dat het eruit zag als een klein meer met glanzende rimpelingen aan het oppervlak. Duryodhana en zijn broers werden hierdoor zo misleid dat ze zich uitkleedden om het meer over te zwemmen. Toen Draupadi en Bhima dit zagen, moesten ze lachen, omdat er helemaal geen meer of water was.

In een ander paleis dachten ze dat de vloer eruit zag als een gewone vloer en begonnen er zonder enige aarzeling op te lopen. Maar deze plek was nu net een meer, hoewel het er niet zo uitzag. De broers liepen er gewoon over en vielen met een plons in het water. Ze waren volkomen doornat. De hele plek was zo knap ontworpen dat Duryodhana en zijn broers er totaal door werden misleid.

Dit is te vergelijken met de wereld. De hele wereld is zo fantastisch ontworpen en aangekleed door de Schepper dat we, als we niet voorzichtig zijn, makkelijk misleid worden. Bij iedere stap moeten we op onze hoede zijn.

Sommige plaatsen, situaties en ervaringen kunnen er normaal, onschuldig en prachtig uitzien. Maar kijk goed uit, wees op je hoede. Dat wat je aan de oppervlakte ziet kan slechts een sluier zijn. De schoonheid en bekoorlijkheid zijn misschien maar oppervlakkig. Direct onder deze prachtig gedecoreerde oppervlakte kan groot gevaar schuilgaan.

Een andere plaats, situatie of ervaring kan er gevaarlijk uitzien. Je kunt grote ophef maken en allerlei voorzorgsmaatregelen treffen wanneer je gedwongen wordt die tegemoet te treden. Maar het kan achteraf iets heel gewoons, zelfs iets constructiefs blijken te zijn. Deze dingen gebeuren in het leven. We worden meer dan duizend keren misleid en bedrogen en toch leren we onze les niet. Ook al worden mensen talloze keren misleid, ze blijven toch allerlei dingen najagen. Dit is de buitengewone kracht van *Maya*.

De wereld vormt niet het probleem. Het probleem ligt in onszelf. Wees dus voorzichtig en je zult de dingen met grotere helderheid zien. Waakzaamheid geeft je een doordringende blik en geest zodat je niet misleid kunt worden. Het zal je langzaam dichter bij je ware wezen brengen, de gelukzaligheid van de Atman.

Gelukzaligheid is onze ware aard, niet verdriet. Maar er is iets met ons gebeurd. Alles staat op zijn kop. Geluk is 'vreemde' stemming geworden terwijl men verdriet als normaal beschouwt.

Er is een oude muzikant die vaak de ashram bezoekt. Hij is een heel gelukkig man, hij lacht altijd, vertelt grappen en beweegt zich vrij onder de mensen. Hij is altijd vol vreugde. Wanneer mensen zien hoe gelukkig hij is, beschuldigen ze hem ervan geestelijk gestoord te zijn. Amma kent deze zoon goed. Hij is volkomen normaal. Hij is een goedhartige ziel, maar zijn vreugde is vreemd voor anderen. Als iemand gelukkig is, worden mensen onmiddellijk achterdochtig. Ze willen weten waarom de man er zo gelukkig uitziet, alsof het iets onnatuurlijks is. Alleen als we verdrietig zijn worden we als normaal beschouwd. Daarom zegt Amma dat alles op zijn kop staat. Wat jammer! Mensen die in wezen vreugdevol en harmonieus zijn, geloven dat geluk onnatuurlijk is en dat de enige natuurlijke toestand pijn en verdriet is."

De darshan liep ten einde en de brahmachari's zongen een volgend lied: *Asa Nasi Katora...*

Geest, je bent een drukke haven vol verlangens,
voortdurend geteisterd door hun stroom.
Pas op dat je niet verdrinkt
in de diepe oceaan van verdriet.
Doe in plaats daarvan Arati voor de Atman.
Houd je aandacht gericht op het Zelf.

Wees voorzichtig.
Als je op deze manier doorgaat
zonder enige echte steun,
zul je uiteindelijk vallen en vol berouw zijn.

Als je de Eeuwige Gelukzaligheid koestert,
als je Bevrijding verlangt, mediteer dan,
o geest, mediteer op je Bron.

Mediteer op de innerlijke
Oceaan van Gelukzaligheid.
Geef je demonische eigenschappen op
en volg de leringen van de Goddelijke recitaties.

Hoofdstuk 10

Een genezende aanraking

Een jongeman zat op de veranda van de oude tempel, met zijn hoofd rustend op zijn knieën. Moeder kwam toevallig voorbij. Toen Ze hem daar zag zitten, ging Ze naar hem toe. De jongeman was in gedachten verzonken en was zich niet bewust van Moeders aanwezigheid. Moeder klopte hem liefdevol op zijn schouder en zei: "Zoon." De man keek op en was stomverbaasd toen hij de Heilige Moeder voor zich zag staan. Er lag een blik van diepe ellende in zijn ogen. Moeder glimlachte naar hem, klopte hem zachtjes op de borst en zei: "Boosheid... boosheid is vergif. Je moet leren het te beheersen." De man was duidelijk van streek. Hij bedekte zijn gezicht met zijn handen en begon te huilen. Moeder keek naar hem en Haar moederlijke genegenheid stroomde over. Zij legde zachtjes zijn hoofd op Haar schouder en liefkoosde hem met de woorden: "Zoon, wees niet bezorgd! Alles komt goed. Amma zorgt voor alles."

De man had een opvliegend karakter en hij had die dag hevige ruzie met zijn vrouw gehad. Uiteindelijk kwamen zijn ouders tussen beiden. Zij steunden zijn vrouw, omdat zij wisten dat zij het onschuldige slachtoffer was van zijn veelvuldige woedeaanvallen. De tussenkomst van zijn ouders had zijn boosheid aangewakkerd. Hij schreeuwde tegen hen en gedroeg zich onbeleefd. Dit incident stond niet op zichzelf. Door zijn ongecontroleerde woede waren dit soort scènes heel normaal bij hem thuis. Hij had achteraf altijd spijt over zijn fout en verontschuldigde zich tegenover zijn vrouw en zijn ouders. Maar keer op keer werd hij door dit verschrikkelijke humeur overmand. Uiteindelijk, na het incident die dag, adviseerden zijn buren, die toegewijd waren aan Moeder, hem om naar Haar toe te gaan. En zo kwam hij Moeder opzoeken.

Nu is hij een totaal ander mens. Dezelfde man die door zijn ongecontroleerde woede een verschrikking voor zijn familie was, is nu een liefdevolle en zorgzame echtgenoot, zoon en vader. De hele familie bezoekt Amma tenminste eenmaal per week om Haar zegeningen te ontvangen.

Hij vertelde: "Na die eerste aanraking van Moeder op mijn borst voelde ik dat er iets heel zwaars van mijn hart werd weggenomen. Die aanraking nam het gif van de woede in mij weg. Voorheen was mijn gezinsleven een nachtmerrie. Nu is door Moeders Genade mijn huis getransformeerd in een verblijf van vrede en geluk. Mijn hele familie is nu toegewijd aan Moeder."

Ontelbare soortgelijke incidenten hebben zich rond Moeder voorgedaan. Miljoenen levens zijn door Haar Genade veranderd. Moeder blijft echter een prachtig voorbeeld van uiterste nederigheid en eenvoud, ook al heeft Ze vele levens getransformeerd en vele harten genezen.

Hoe men angst over kan winnen

Iedereen zat rond vier uur 's middags voor de oude tempel. Een jonge advocaat stelde Moeder een vraag: "Amma, angst schijnt een vanzelfsprekend deel van het menselijk bestaan te zijn. Mensen zijn bang voor alles: voor hun baan, voor de veiligheid van hun gezin, voor andere mensen en voor de maatschappij. De mens heeft een hele wereld van angst om zich heen geschapen. Hoe is dit gekomen? Wat heeft dit veroorzaakt en hoe kunnen we deze angsten overwinnen, die alle schoonheid van het leven van binnenuit wegnemen?"

Moeder: "We komen opnieuw terug bij de onwetendheid. Onwetendheid over ons ware bestaan in God, of de Atman, is de oorzaak van allerlei soorten angst. Het uiterlijke leven van de mens moet in overeenstemming zijn met zijn innerlijke bestaan, wat hij ook doet voor zijn lichamelijk bestaan. Er moet een volmaakt evenwicht zijn. Als de mens te veel belang hecht aan zijn lichaam en zijn ziel negeert, wat hij nu doet, dan wordt hij bezorgd en angstig en klampt zich fanatiek vast aan valse zekerheden.

Er was eens een groot Meester die door honderdduizenden mensen over de hele wereld vereerd werd. De mensen stonden versteld van zijn zuiverheid, zijn onschuld en de diepgang van zijn wijsheid. Hij veranderde vele levens door de schoonheid van zijn leringen en de liefde en het mededogen dat hij toonde. Uit nieuwsgierigheid vroegen zijn leerlingen en toegewijden hem regelmatig om de bron van zijn kennis en zijn zuiverheid te openbaren. Maar de Meester zei slechts tegen hen: 'Het staat allemaal in het boek dat je zult erven wanneer ik dit lichaam verlaat.'

Op een dag verliet de Meester zijn lichaam. Een paar dagen later begonnen zijn leerlingen het boek te zoeken, waarover hij had gesproken. Ze vonden het. Maar het boek bestond slechts uit één pagina en hierop was slechts één enkele zin geschreven. Er stond: 'Geliefden, ken het verschil tussen het vat en de inhoud. Dan zal ware kennis in jullie dagen, die alle angst en duisternis zal verdrijven.'

Kinderen, het geheim ligt in het besef dat het lichaam het vat is en dat de inhoud, de ziel, verschilt van het vat. De melk is iets anders dan het vat waarin het wordt bewaard. Het vat is niet de melk en de melk is niet het vat. Kennis van het Zelf zal alle onnodige angsten, die ons leven in hun greep hebben, elimineren.

Als mens willen we voedsel, kleding en onderdak. Dat is begrijpelijk. Deze drie dingen zijn de belangrijkste zaken voor ons lichaam. En we doen er alles aan om het lichaam comfort te geven. Maar wat is dit lichaam? Waar komt het vandaan? Wat is de kracht die zich door dit lichaam manifesteert en die maakt dat je er zoveel van houdt? Weinig mensen vragen zich dit af en zijn hierin geïnteresseerd. Mensen geloven dat het lichaam alles is, dat er niets voorbij hun lichamelijk bestaan is. Deze houding maakt hen bijzonder gehecht aan het lichaam en zijn veiligheid.

Je gehechtheid aan het lichaam veroorzaakt angst voor alles in je leven. Naarmate je gehechtheid aan het lichaam toeneemt, groeit ook je ego. Tegelijkertijd neemt ook je angst toe. Gehechtheid aan het lichaam maakt je gehecht aan het ego, omdat je gelooft dat je lichaam je meest waardevolle bezit is. Je wil het beschermen tegen alles wat het op enige manier zou kunnen schaden. Je denkt dat je lichamelijke veiligheid je enige zekerheid in dit bestaan is. Wat jammer is dat! We begrijpen niet dat het bestaan van het lichaam afhankelijk is van de ziel.

We moeten de aard van zowel het lichaam als de ziel goed begrijpen. Het lichaam is voortdurend aan verandering onderhevig, terwijl de ziel onveranderlijk is. Zonder de onveranderlijke ziel als zijn basis, kan het veranderlijke lichaam niet bestaan. Het altijd veranderende lichaam is vergankelijk, terwijl de onveranderlijke ziel onvergankelijk is. De onvergankelijke ziel is de levenskracht. Het is de hoofdwortel die de boom van het lichaam ondersteunt.

Ons probleem is dat we teveel belang hechten aan het uiterlijke, gemanifesteerde lichaam, en het ongemanifesteerde Zelf, de bron van ons bestaan, volkomen negeren. We proberen misschien te argumenteren en zeggen: 'Ik zie alleen het lichaam en niet de ziel. Daarom hecht ik zoveel waarde aan het lichaam. Hoe kan ik in een ziel geloven die onzichtbaar is?' Maar dit is alsof je zegt: 'Ik kan alleen de boom zien, hoe kan ik dan in de wortel geloven, die voor mijn fysieke oog niet zichtbaar is?' Niemand met zelfs maar een klein beetje intelligentie zou zoiets durven beweren.

Stel dat je uitkijkt over een enorme oceaan. Je bent geroerd door wat je ziet en denkt: 'Hoe prachtig is deze oneindige oceaan. Hij is zo onvoorstelbaar diep en uitgestrekt.' Maar je kunt alleen het oppervlak zien. Je kunt de wereld die onder het wateroppervlak bestaat, niet zien. Noch kun je de onderliggende bodem zien. Zou het niet dom zijn als je zou zeggen dat de wereld onder water en de oceaanbodem niet bestaan omdat ze toevallig onzichtbaar zijn vanaf de plek waar jij staat? Het bestaan van de oppervlakte van de oceaan is voldoende om het bestaan van de bodem eronder te bewijzen. Zonder de bodem als basis, zou de zee niet kunnen bestaan. Maar zelfs zonder water bestaat de bodem nog.

Om de wereld onder water en de onderliggende bodem te zien en ervaren moet je onder het wateroppervlak gaan. Je moet diep in de oceaan duiken. Op dezelfde wijze moet je om de ziel te ervaren, voorbij het lichaam gaan en diep doordringen in je eigen Zelf.

We ervaren een gevoel van verbazing wanneer we op deze manier naar de weidsheid van de oceaan kijken. Als we hetzelfde gevoel van ontzag en verwondering konden ervaren wanneer we naar de hele natuur en zijn oneindige manifestaties kijken, dan zouden we nooit sceptisch zijn over de innerlijke levenskracht die bestaat als de enige basis van de gemanifesteerde wereld.

De angst van de mens is te wijten aan zijn onwetendheid over zijn eigen ziel, de levenskracht en basis van zijn bestaan. Hij gelooft dat hij zich alleen zorgen moet maken over zijn fysieke bestaan. Dat het leven alleen betrekking heeft op het lichaam en verder niets. Dat is zijn opvatting over het leven. Zijn hele leven is echt gebaseerd op deze misvatting. Wanneer hij eenmaal al zijn aandacht aan het lichaam en het ego schenkt, is de volgende stap zijn veiligheid. Hij bouwt een vesting van valse zekerheden om zich heen. Hij klampt zich vast aan zijn huis, want dat is een vorm van zekerheid. Zijn baan of bedrijf is een andere zekerheid. Zijn status in de maatschappij is een andere. Dan komen zijn gezin en zijn ontelbare bezittingen. Hij denkt dat het leven bestaat uit het vastklampen aan deze uiterlijke 'zekerheden', dat er zonder hen en zonder zijn lichaam en zijn ego geen bestaan is. Voor hem kan het hele leven worden samengevat in twee woorden: 'lichaam' en 'gehechtheden'. Maar het is niet zijn fout, want voor hem is bestaan gelijk aan het bestaan van het lichaam en omwille van zijn lichaam heeft hij al deze valse zekerheden nodig. De arme man is het innerlijke leven totaal vergeten.

Het werkelijke leven ontwikkelt zich van binnenuit. Echt leven betekent dat de ziel zich uitdrukt in al onze gedachten, woorden en daden. Iemand verliest alle angst als hij eenmaal de aard van de onvergankelijke ziel begrijpt.

Op dit moment is hij echter alleen bekend met het vergankelijke lichaam. Hierdoor wordt hij steeds banger en komt hij steeds dichter bij de dood, die zijn grootste angst is. De dood zal alles wegnemen, alles wat hij bezit en wat hij als het zijne beschouwt. De dood is de grootste bedreiging voor een mens. Niemand wil sterven. Alleen al het spreken over de dood veroorzaakt geweldige angst. Maar de dood is een ervaring als alle andere."

Wanneer Moeder spreekt, krijgen Haar woorden vleugels, klaar om op te stijgen en de luisteraar mee te nemen. Haar woorden en uitdrukkingen klinken nooit alsof ze van een persoon of individu afkomstig zijn. Zij weerklinken alsof zij opkomen uit een diepe grot, uit een oude, onbekende bron. Moeders woorden zijn als een voertuig dat de luisteraar naar de diepere lagen van de spirituele wereld leidt.

Moeder begon het lied *Marikkatta Manushyarundo* te zingen...

Is er iemand die niet zal sterven?
Is er een moment waarop verlangens eindigen?
We worden geboren op deze aarde.
We worden geraakt door verdriet
en dan sterven we om opnieuw geboren te worden.

Hoewel de mens leert te lachen,
wat is zijn grootsheid als hij bang is voor de dood?
Hoewel we als mens geboren worden,
welke glorie heeft het menselijke leven
als de angst voor de dood niet verdwijnt?

Alles gebeurt zoals beslist door het lot.
Maar wie creëert dat lot?
Deze wereld kan nooit tot geluk leiden.
Wanneer we eenmaal deze waarheid beseffen,
zullen we alles opgeven.

Hoofdstuk 11

De alwetende Moeder

Het was bijna middernacht. Moeder dwaalde rond tussen de kokospalmen aan de voorkant van de ashram. Soms stond Zij stil en keek naar het oosten alsof Zij iemand verwachtte. Brahmacharini Gayatri en de oudere brahmachari's stelden Moeder verschillende malen voor om naar bed te gaan. Maar Moeder weigerde beleefd en bleef tussen de kokospalmen. Een paar minuten na twaalven arriveerde er een groot gezin in de ashram. Het hele gezin was buiten zichzelf van vreugde toen ze Moeder tussen de palmen zagen staan. Moeder riep hen en nadat Zij op Haar unieke moederlijke wijze Haar liefde en genegenheid voor hen had geuit, begon Zij met hen te praten. De ashrambewoners begrepen nu waarom Moeder buiten was gebleven en niet naar Haar kamer had willen gaan.

Het gezin was om acht uur 's avonds uit Kollam weggegaan in de hoop dat zij Moeder zouden zien als zij om negen uur de ashram zouden bereiken. Maar hun auto had het onderweg begeven. Tegen de tijd dat ze een monteur hadden gevonden en de auto was gerepareerd, was het al zeer laat. Zij besloten om terug te gaan naar Kollam en Moeder een andere keer te bezoeken.

Maar hun vijf jaar oude zoontje was uiterst teleurgesteld en hij vertelde hun herhaaldelijk dat hij Moeder die avond wilde zien. Hij was zo vasthoudend dat het gezin uiteindelijk aan zijn wens toegaf en doorreed naar de ashram. Ze hadden nooit gedacht dat ze Moeder 's nachts op dit late tijdstip nog zouden zien. Hun enige wens was om enkele minuten in de ashramatmosfeer te zijn en dan terug te keren naar Kollam. Maar tot hun grote verbazing zagen ze bij hun aankomst Moeder voor de ashram staan, alsof Zij hen verwachtte.

Het gezin had een aantal ernstige problemen. Hun pijnlijke harten ervoeren veel opluchting toen zij Moeder enkel zagen. De zeer meedogende Moeder sprak meer dan twee uur met hen.

Om half vijf 's ochtends had Moeder net een bad genomen en wandelde opnieuw buiten. Ze zag er fris en stralend uit. Een brahmachari benaderde Moeder en smeekte Haar: "Amma, waarom gaat U niet even rusten? Vandaag is het Devi Bhava en dus zult U vannacht ook geen rust krijgen."

"Zoon," antwoordde Moeder, "men moet niet slapen wanneer de Archana wordt gedaan. Dat zou een slecht voorbeeld zijn. Tijdens de ochtendarchana moet de hele ashram wakker zijn en levendig met de spirituele energie die gecreëerd wordt door de recitatie. Er mag dan geen tamas-energie aanwezig zijn."

De brahmachari zei: "Maar Amma, U staat boven alles. U bent Devi zelf. U bent volledig onthecht en onaangedaan door wat dan ook."

Moeder antwoordde: "Zoon, als Amma nu niet op is, zou jij dat ook niet zijn. Het zou problemen met de discipline geven in de ashram. Iedereen zou doen waar hij of zij zin in had. Tenzij Amma een voorbeeld stelt door dat wat Zij preekt in praktijk te brengen, zal niemand geïnspireerd zijn om de regels te volgen."

"Maar Amma, als Uw lichaam geen enkele rust krijgt, zal Uw gezondheid daar dan niet onder lijden?" vroeg de brahmachari. "U geeft alles op voor het welzijn van anderen. Amma, wat kunnen wij, Uw kinderen voor U doen?" De brahmachari was bijna aan het huilen toen hij sprak.

Moeder klopte hem liefdevol op zijn rug en zei: "Maak je geen zorgen om Amma." Terwijl Ze naar Haar eigen lichaam wees, zei Ze: "Dit zal voor zichzelf zorgen. Amma is niet op de wereld gekomen om Haar lichaam te beschermen. Amma geeft er niets om wat er met Haar lichaam gebeurt. Laat het zijn natuurlijk verloop hebben. Amma wil alles opofferen voor de spirituele groei van Haar kinderen en voor het welzijn van de wereld. Jij moet je strikt houden aan de dagelijkse routine en proberen vrij te zijn van de greep van het ego. Dat is voldoende. Zoon, alles voor dit lichaam en zijn bestaan in deze wereld wordt bepaald door Amma. Er is een doel dat bereikt moet worden. Alleen wanneer dat bereikt is, zal dit lichaam weggaan."

Moeder zei de laatste drie zinnen alsof Ze vanuit een andere wereld sprak. Enige tijd bleef de brahmachari staan en staarde naar het onbeschrijfelijke fenomeen dat Moeder is. Daarna ging hij naar de meditatiehal waar de ochtendarchana op het punt stond te beginnen.

Hoofdstuk 12

De dood is alleen een verandering

Moeder zat met enkele brahmachari's in de maneschijn naast de backwaters. De maan en de sterren waren als juwelen over de blauwzwarte hemel verspreid. Een brahmachari stelde Moeder een vraag: "Amma, wat veroorzaakt de pijn en de angst voor de dood?"

Moeder: "De pijn van de dood wordt veroorzaakt door de gedachte dat de dood alles zal vernietigen dat je hebt, alles waaraan je gehecht bent en waaraan je je vastklampt. Dat vastklampen veroorzaakt de pijn. Als je al je gehechtheden kan loslaten, dan zal de pijn van de dood in een ervaring van gelukzaligheid veranderen. Door de dood verlies je alles wat je als het jouwe beschouwt. Alles wat je dierbaar is en wat je geweldig vindt, je gezin, de liefde en de lach van je dierbaren, deze prachtige wereld met al zijn kostbare schatten, alles zal oplossen en verdwijnen. Alleen al de gedachte hieraan schokt je hele wezen. Je wilt de dood vergeten omdat je bang bent dat je in vergetelheid zult raken en niet meer zult bestaan. Het doodt je enthousiasme en de angst verlamt je. Daarom wil je er helemaal niet aan denken."

Vraag: "Amma ik heb U horen zeggen dat de dood een ervaring is zoals elke andere. Wat bedoelt U hiermee?"

Moeder: "Geboorte en dood zijn twee onvermijdelijke ervaringen. Wanneer je eenmaal de dood overstijgt, overstijg je ook de geboorte. Iemand die geboorte en dood als volkomen natuurlijk kan zien, net als iedere andere ervaring in het leven, zal in staat zijn een gelukkig en vreugdevol leven te leiden. Hij ziet het hele leven, met al zijn ervaringen, zowel de goede als de slechte, als een spel. Hij klaagt nergens over. Hij ziet geen fouten in anderen, of in welke situatie dan ook. Deze mensen hebben altijd een oprechte glimlach op hun gezicht, zelfs wanneer ze geconfronteerd worden met de moeilijkste situaties in het leven. De woorden of daden van anderen kunnen hen niet kwetsen of boos maken. Ze zijn altijd in een ontspannen en evenwichtige stemming en genieten van het leven met de verwondering en onschuld van een kind.

Net als andere vreugdevolle momenten in het leven kan de dood ook een vreugdevolle ervaring zijn. Mensen verheugen zich gewoonlijk bij de geboorte van een kind en huilen bij een sterfgeval. Zowel geboorte als dood zijn twee normale overgangen. Maar dit kan men alleen weten wanneer men het ego overstijgt en het Zelf verwerkelijkt.

Bij de geboorte van een kind vindt er een overgang plaats. Maar het houdt daar niet op. Het kind groeit op. Hij of zij doorloopt verschillende stadia of overgangen in het leven. Het lichaam verandert van een kinderlichaam in dat van een tiener en dan in een jonge volwassene. Dan komt de middelbare leeftijd en tenslotte de oude dag. Het proces van verandering gaat door: de dood volgt, wat een volgende overgang is. Dit is normaal, er is niets mis mee. Je moet de dood leren zien als een normale overgang, net zoals andere veranderingen in het lichaam. De geboorte is niet het begin van het leven, net zomin als de dood het einde is. Het begin en einde zijn slechts relatief.

Wanneer er een kind geboren wordt, denken we dat dit het begin van het leven is. Maar het leven zelf is niet eerst of laatst, niet nieuw of oud. Het is nooit begonnen en zal ook nooit eindigen. Het leven is een andere naam voor God. Wanneer het leven afhangt van het lichaam, wordt het *jivatman* genoemd, en wanneer hetzelfde leven ontdaan is van iedere afhankelijkheid is het de *Paramatman*. Het leven is dus een andere naam voor de Atman of Brahman. Het leven kent geen begin en geen einde.

Een nieuwe geboorte is daarom niet het begin van het bestaan. Je zou het een nieuwe start kunnen noemen, of een nieuwe kans om de reis naar de echte Bron van het bestaan voort te zetten. Geboren worden is als het terugkeren van dezelfde inhoud in een ander jasje.

De dood is niet een volledige vernietiging. Het is een pauze. Het is als het indrukken van de pauzeknop van een bandrecorder midden in een lied. Als men vroeg of laat de pauzeknop weer indrukt, gaat het lied gewoon verder. De dood is slechts een periode van voorbereiding voordat je een nieuw leven begint. Je pakt de inhoud alleen uit om hem opnieuw in te pakken in een frisse, nieuwe verpakking, waarin dezelfde ingrediënten zitten.

Leven en dood zijn de twee belangrijkste gebeurtenissen in het leven, twee intense ervaringen. Wanneer je eenmaal beseft dat geboorte en dood noch het begin, noch het einde zijn, wordt het leven oneindig mooi en gelukzalig.

Ervaringen blijven veranderen, maar diegene die innerlijk ervaart (de 'Getuige'), het Zelf, God, of het Leven is onveranderlijk. Dit is de waarheid die men zich moet realiseren. De Getuige, die de basis vormt voor alle ervaringen, zelfs voor die van geboorte en dood, is altijd dezelfde. Hij is onvergankelijk en onveranderlijk. De Getuige voert je door al je ervaringen heen. Deze waarheid kan niet veranderd worden door tijd of plaats.

Geboorte en dood zijn slechts relatief. Zij zijn niet echt vanuit het hoogste perspectief. Zoals elke ervaring in het leven zijn dit twee gebeurtenissen, die iedereen mee moet maken. Maar het zijn verreweg de meest intense ervaringen waar we doorheengaan. Wegens hun intensiteit heeft de natuur een methode ontworpen waardoor de mens deze twee belangrijke momenten van zijn leven volkomen vergeet. Door de intensiteit van deze ervaringen is het voor een normaal mens moeilijk om volledig bewust te blijven tijdens zijn eigen geboorte en dood. De geboorte en de dood zijn twee stadia in het leven waarin men volkomen hulpeloos is. In de baarmoeder en bij het verlaten van de baarmoeder is het kind hulpeloos. Hetzelfde geldt voor een stervende. Tijdens deze beide ervaringen heeft het ego zich zo ver op de achtergrond teruggetrokken dat het machteloos is. Kinderen, jullie zijn je niet bewust van wat er met je gebeurt tijdens en na de dood. Je moet zonder angst en volkomen bewust zijn om open te staan voor deze ervaring. Als je bang bent, zul je gesloten zijn voor deze ervaring. Alleen zij die voldoende diepgang hebben, die geen angst kennen en die voortdurend in een toestand van bewustzijn, een toestand van absolute waakzaamheid verkeren, zijn in staat om bewust de gelukzaligheid van de dood te ervaren.

Stel dat je intense maagpijn hebt. Je bent je dan bewust van de pijn. Als water heet of koud is, voelt het lichaam dat onmiddellijk. Het verdriet veroorzaakt door de dood van je vader of de vreugde die je voelt bij de geboorte van een kind, wordt onmiddellijk ervaren door de geest. Ook reageert je intellect onmiddellijk op de lof of de beledigingen die je van anderen krijgt. Zo'n directe ervaring van de geest is niet beschikbaar tijdens de geboorte of de dood. Daarom beschouwen we de geboorte en de dood niet als gewone ervaringen.

Als je het vermogen bezit om bewust en aandachtig te blijven als je door de ervaring van de dood gaat, wordt het natuurlijk een gewone ervaring net als alle andere. Dan kunnen geboorte en dood je niet deren. Je glimlacht gewoon tijdens beide gebeurtenissen. De dood is dan niet langer een vreemde ervaring voor je. Dit is echter alleen mogelijk wanneer je één bent met je ware Zelf."

Vraag: "Amma, waarom hebben we deze directe ervaring tijdens geboorte en dood niet?"

Moeder: "Gebrek aan bewustzijn is de oorzaak. Ons niveau van bewustzijn is erg laag. Door onze domme gehechtheden aan de wereld, die veroorzaakt worden door ons verkeerd begrip, leiden we een bijna onbewust leven, ook al bewegen en ademen we.

Wanneer al deze gehechtheden eenmaal wegvallen, zal de dood een gelukzalige ervaring blijken te zijn. Als gevolg van het besef dat je niet het lichaam maar het Hoogste Bewustzijn bent, zal het hele centrum van je bestaan zich verplaatsen naar het Zelf. Je zult wakker worden en beseffen dat je sliep en dat de droom die deze wereld is, en alle ervaringen die ermee samenhangen, slechts een spel zijn. Je zult lachen als je naar dit volmaakte spel van bewustzijn kijkt. Je zult lachen om alle kleuren. Net zoals een kind dat naar de verschillende kleuren van een regenboog kijkt, lacht en met verwondering in zijn ogen geniet, zo zul je zien dat je zelf ook lacht van vreugde. Je zult blijven lachen, zelfs als de dood je in de ogen kijkt, omdat de dood slechts een ander kleurenspel is, een andere nuance in de regenboog van het leven.

Als je eenmaal deze toestand bereikt, zullen alle ervaringen zoals geluk en verdriet, lof en belediging, hitte en kou, geboorte en dood gewoon door je heen gaan. Je blijft op een afstand, als de Getuige, de basis van alle ervaring, die alles als een speels kind gadeslaat.

Kinderen, leer alles bewust te doen. Zelfs een enkele ademhaling mag niet aan je aandacht ontsnappen. Wees bewust van al je bewegingen. Dit zal je langzaam volledig bewust maken, zelfs van de dood.

Om de toestand van volledige eenheid met het Allerhoogste te bereiken, moet men zichzelf verliezen. Dat we onszelf zullen verliezen is echter onze grootste angst. Want onszelf verliezen zou een vorm van sterven zijn, en wie wil er sterven? Iedereen wil leven. Maar om het leven ten volle te leven, moeten we leren het leven in zijn essentie lief te hebben en al het andere los te laten. Leer het leven met open armen te accepteren terwijl je je gehechtheden loslaat. Laat alles los waaraan je je vastklampt, alles waar je spijt van hebt, al je angsten en zorgen. Maar dit loslaten is helemaal geen verlies, het is de grootste winst die er is. Het brengt het gehele universum tot je en je wordt God."

Hoofdstuk 13

Inzicht geven aan de blinden

Een jongeman die vanaf zijn geboorte blind was, verbleef in de ashram. Sinds zijn komst hadden de brahmachari's hem steeds opgevangen en voor hem gezorgd. Ze gaven hem eten en hielpen hem zelfs om naar het toilet te gaan.

Vandaag kwamen er meer mensen voor Moeders darshan dan verwacht. Hierdoor raakten de rijst en curry die men voor de lunch had gekookt, snel op, nog voordat iedereen had gegeten. Er werd een tweede maal gekookt. Door dit extra werk hadden de brahmachari's vergeten om de blinde man uit zijn kamer te halen voor de lunch. Zodra ze zich hun fout realiseerden, snelde één van de brahmachari's naar zijn kamer om hem op te halen. Maar de blinde kwam reeds met de hulp van een toegewijde de trap af. De brahmachari verontschuldigde zich en legde uit wat er was gebeurd. Hij zei: "Vergeef me alsjeblieft. Ik was zo druk bezig met het serveren in de eetzaal dat ik vergeten ben je te komen halen."

Maar de blinde was niet tevreden. Hij voelde zich gekwetst en ongelukkig. "Ik heb geld bij me," zei hij, "Ik kan altijd eten van buiten de ashram krijgen als ik ervoor betaal." Met deze woorden keerde hij met de hulp van de toegewijde terug naar zijn kamer.

Hoewel de man kwaad was, negeerde de brahmachari het, in de overtuiging dat hij alleen zo reageerde omdat hij honger had. De brahmachari keerde spoedig terug met wat fruit dat hij voor de jongeman plaatste. Hij zei tegen hem: "De lunch zal binnen een paar minuten klaar zijn. Ik zal je maaltijd brengen. Eet alsjeblieft ondertussen dit fruit." Maar de man was nog steeds kwaad en weigerde bot het fruit dat hem werd aangeboden.

Op de één of andere manier bereikte het nieuws Moeder en kort daarna verscheen Zij in de kamer van de blinde. Ze keek de brahmachari streng aan en zei: "Wat voor śraddha heb jij? Waarom heb jij hem zijn lunch niet op tijd gebracht? Weet je niet dat deze zoon blind is dat hij niet alleen naar beneden kan komen? Als je dacht dat het teveel tijd zou kosten om hem op te halen, dan had je een bord met eten naar zijn kamer moeten brengen. Als je geen mededogen voelt met de hulpelozen, zoals deze zoon, wat voor zin heeft het dan om spirituele oefeningen te doen?

Kinderen, mis geen enkele kans om anderen te dienen. Niemand zou geduldig op onze hulp moeten wachten, totdat het ons uitkomt. Op kantoor en op andere werkplekken doen mensen hun plicht volgens het dienstrooster. Zij krijgen een vergoeding voor het werk dat zij doen. Daarom werken zij. Maar het hele leven van een *sadhak* (spirituele aspirant) is gewijd aan het dienen van anderen. De beloning bestaat niet uit een maandelijks salaris. Je ontvangt je beloning in de vorm van geestelijke zuiverheid en Gods Genade. Maar omdat je geen enkele directe beloning krijgt, moet je niet denken dat je werk minder belangrijk is, of dat het wel even kan wachten. Elke gelegenheid om anderen te dienen moet maximaal worden benut. Het werk moet met de grootst mogelijke liefde en ijver worden gedaan. Alleen dan wordt het een echte aanbidding. Echte dienstbaarheid bestaat uit het helpen van de hulpelozen en het moeite doen om hun behoeften en hun gevoelens te begrijpen."

Moeder wreef over de rug van de blinde en vroeg hem: "Zoon, was je verdrietig? De brahmachari's waren druk bezig in de eetzaal, daarom konden ze je niet op tijd ophalen. Daarbij komt nog dat de brahmachari die je gewoonlijk helpt, er vandaag niet is. Hij vertrouwde deze taak toe aan een andere brahmachari die verantwoordelijk is voor het opdienen van de maaltijden in de eetzaal. Denk niet dat men het opzettelijk heeft gedaan. Zoon, je moet leren flexibeler te zijn en leren je aan te passen aan de omstandigheden, waar je ook bent. In een ashram heb je geduld nodig. Zolang je hier bent, moet je bereid zijn af en toe een klein offer te brengen. Op die manier zul je Gods Genade verkrijgen.

Zoon, je blindheid is niet echt een probleem. Onthoud dat je dichter bij God bent, bij je ware Zelf, dan de meeste mensen met normale ogen. Het is waar dat je de wereld niet kunt zien, maar je kunt God beter voelen dan iemand met normaal zicht, als je tenminste het juiste begrip en śraddha hebt. Iemand met normaal zicht beweegt zich ver weg van God en van zijn ware aard, de Atman, omdat hij teveel door de wereld van objecten dwaalt. Denk dus niet dat je pech hebt. Leer je aan te passen aan het leven. Wees verdraagzamer en geduldiger. Dat zal je zeker helpen Gods aanwezigheid te ervaren, zowel innerlijk als uiterlijk. Zoon, er zijn miljoenen mensen die in het grootste verdriet en wanhoop ondergedompeld zijn, ook al hebben ze ogen waarmee ze de wereld kunnen zien. Maar er zijn ook mensen die gelukkig en tevreden zijn, ook al kunnen ze niet zien. Surdas, de grote toegewijde van Heer Krishna, was blind. Maar hij leidde een volkomen tevreden leven, omdat hij wijs genoeg was om het essentiële principe van het leven te begrijpen. Door zijn liefde en devotie voor de Heer, ontwikkelde hij het innerlijke oog. Dit maakte hem volkomen gelukzalig, zelfs zonder zijn normale ogen."

De jongeman stortte tranen toen naar hij Moeders woorden luisterde. Hij huilde als een klein kind. Ook de brahmachari's en enkele toegewijden die aanwezig waren, konden hun tranen niet bedwingen. Zo intens was de liefde die uit Moeders woorden sprak.

Moeder wreef liefdevol over de rug van de jongeman en veegde zijn tranen met Haar handen af. Ze vroeg: "Zoon, heb je al iets gegeten?" Hij schudde zijn hoofd en zei met verstikte stem: "Maar ik ben al tevreden met Uw aanwezigheid en met het luisteren naar Uw woorden. Ik heb helemaal geen honger meer. Mijn hart is zo vol van de vreugde van Uw woorden van nectar."

Moeder vroeg de brahmachari om hem een bord met eten te brengen. Toen hij terugkwam met een bord met rijst en curry, liet Moeder de blinde naast zich zitten en begon Ze hem met Haar eigen handen eten te geven. Moeder voerde hem balletjes rijst, zoals een moeder haar kindje zou voeren. Ze wachtte geduldig op hem terwijl hij langzaam het voedsel doorslikte. Zo voerde Zij hem het hele bord met rijst. Zij die hier getuige van waren, waren erg geraakt door de zuivere, goddelijke liefde die uit Moeder stroomde. Iedereen begon zachtjes *Kannilengillum* te zingen...

Vandaag heb ik mijn lieveling Krishna gezien,
de Geliefde van Radha,
niet met deze ogen, maar met het innerlijke oog.

Ik heb de Dief van de geest gezien,
de belichaming van Schoonheid,
de Goddelijke Muzikant.
Ik heb mijn Heer van Eenheid gezien.

Was Hij net zo blauw als de oceaan?
Had Hij een pauwenveer
die Zijn gekrulde lokken sierde?
Ik kan het niet zeggen,
maar ik heb Zijn bekoorlijke vorm gezien
door het geluid van Zijn Fluit.

Woordenlijst

Arati: het ritueel aan het einde van een puja, waarbij licht geofferd wordt in de vorm van kamfer en waarbij een bel geluid wordt voor een heilig iemand of voor de godheid in de tempel. De kamfer laat bij verbranding geen resten achter, wat de totale vernietiging van het ego symboliseert.

Archana: een vorm van verering waarbij de 108 of de 1000 namen van een godheid worden gereciteerd.

Arjuna: de derde van de vijf Pandava's. Hij was een groot boogschutter en één van de helden van de Mahabharata. Hij was Krishna's vriend en leerling. Het is Arjuna tot wie Krishna in de Bhagavad Gita spreekt.

Atman: het ware Zelf. Een van de fundamentele leerstellingen van de Sanatana Dharma is dat we niet het fysieke lichaam, de gevoelens, de geest, het intellect of de persoonlijkheid zijn. We zijn het eeuwige, zuivere, onaantastbare Zelf.

Aum: zie Om

Bhagavad Gita: het onderricht van Heer Krishna aan Arjuna aan het begin van de Mahabharata-oorlog. Het is een praktische gids voor de gewone man in het dagelijks leven en het is de essentie van de Vedische wijsheid. Bhagavad betekent 'van de Heer' en Gita betekent 'lied', in het bijzonder een advies.

Bhajan: devotioneel lied.

Bhava Samadhi: het door devotie volkomen opgaan in God.

Brahma: het aspect van God dat geassocieerd wordt met de schepping van het universum.

Brahmachari: een leerling die het celibaat in acht neemt, spirituele oefeningen doet en opgeleid wordt door een Guru.

Brahmacharini: een vrouwelijke brahmachari.

Brahman: de absolute Werkelijkheid, het Geheel, het hoogste Zijn voorbij alle namen en vormen, dat alles omvat en doordringt, dat één en ondeelbaar is.

Darshan: ontvangst door, of het zien van een heilige of godheid.

Devi: de Godin of Goddelijke Moeder.

Devi Mahatmyam: een oude hymne die Devi prijst.

Dharma: 'dat wat het universum in stand houdt'. Dharma heeft vele betekenissen, zoals de Goddelijke Wet, de wet van het bestaan, in overeenstemming met de goddelijke harmonie, juistheid, religie, plicht, verantwoordelijkheid, deugd, rechtvaardigheid, goedheid en waarheid. Dharma verwijst naar de innerlijke principes van religie. De dharma van de mens is het verwerkelijken van zijn innerlijke Goddelijkheid.

Duryodhana: oudste zoon van Dhritarashtra, aanvoerder van de Kaurava's in de Mahabharata-oorlog.

Gopi's: koeienherderinnen, befaamd om hun hoogste devotie voor Śri Krishna.

Guru: spirituele leraar en gids.

Gurukula: de ashram en school van een Guru waar studenten een basis krijgen in spirituele en wereldse kennis door studie en dienstbaarheid. In de oudheid waren studenten twaalf jaar bij hun Meester in de leer.

Jivatman: de individuele ziel.

Kali: een aspect van de Goddelijke Moeder. Vanuit het standpunt van het ego, lijkt Ze angstaanjagend, omdat Ze het ego vernietigt. Maar Ze vernietigt het ego en transformeert ons slechts uit Haar onmetelijke mededogen. Een toegewijde weet dat achter Haar woeste verschijning, de liefdevolle Moeder schuilgaat, die Haar kinderen beschermt en hen de genade van bevrijding schenkt.

Kamsa: de demonische oom van Heer Krishna, die door de Heer gedood werd.

Kanna: 'met prachtige ogen.' Een koosnaampje voor de kleine Krishna. Krishna wordt soms vereerd als het goddelijke kind.

Keśava: 'met lang prachtig haar.' Eén van Krishna's namen.

Kirtan: hymne.

Krishna: de belangrijkste incarnatie van Vishnu. Hij werd in een koninklijk gezin geboren, maar groeide op bij pleegouders en leefde als een jonge koeienherder in Vrindavan. Daar werd Hij bemind en vereerd door zijn toegewijde kameraden, de gopi's en gopa's. Hij was een neef en adviseur van de Pandava's, vooral van Arjuna, aan wie Hij het onderricht in de Bhagavad Gita gaf.

Lila: goddelijk spel. De bewegingen en activiteiten van het Goddelijke, die in hun aard vrij zijn en niet onderworpen aan enige wet.

Madhava: 'zoet als honing.' Eén van Krishna's namen.

Mahabharata: groot epos geschreven door de wijze Vyasa. Het handelt over de familievete tussen de Pandava's en Kaurava's, beide neven van Heer Krishna. Deze vete leidde tot een catastrofale oorlog..

Mahatma: grote ziel of gerealiseerd iemand.

Mantra: heilige formule of gebed, die voortdurend herhaald wordt. Dit activeert iemands slapende spirituele kracht, zuivert de geest en helpt het doel van Realisatie te bereiken. Hij is het meest effectief als hij van een gerealiseerde leraar tijdens een initiatie ontvangen wordt.

Maya: illusie. De goddelijke 'sluier' waarmee God Zich in Zijn scheppingsspel verbergt en de indruk van veelheid wekt en daardoor de illusie van gescheidenheid schept. Omdat Maya de Werkelijkheid verbergt, misleidt Zij ons, en laat Zij ons geloven dat volmaaktheid, tevredenheid en geluk buiten onszelf gevonden kunnen worden.

Moksha: bevrijding. Verlossing uit de kringloop van geboorte en dood.

Mudra: een houding van de hand die een spirituele waarheid aanduidt.

Narayaniyam: het verhaal van het leven van Heer Krishna, geschreven door zijn grote toegewijde Narayana Bhattatiri uit Kerala.

Om: heilige lettergreep. De oerklank of trilling die Brahman en de hele schepping vertegenwoordigt. Om is de primaire mantra en staat vaak aan het begin van andere mantra's.

Pada Puja: de verering van de voeten van God, de Guru of een heilige. Zoals de voeten het lichaam ondersteunen, zo ondersteunt het Guru-principe de hoogste waarheid. De voeten van de Guru vertegenwoordigen dus de hoogste waarheid.

Pandava's: de vijf zonen van koning Pandu. Zij waren de helden van het epos Mahabharata.

Paramatman: de allerhoogste ziel of God.

Prasad: gewijde offergave uitgedeeld na een puja of door een gerealiseerde heilige.

Purnam: volledig of perfect.

Putana: een vrouwelijke demon die probeerde de kleine Krishna te doden door hem melk te laten drinken uit haar giftige borst. Maar zij stierf doordat het goddelijke kind de levenskracht uit haar zoog.

Rajasuya Yagna: een Vedisch offer, uitgevoerd door koningen.

Rama: de held van de Ramayana. Hij was een incarnatie van Heer Vishnu en de belichaming van dharma.

Ramayana: 'het leven van Rama.' Eén van India's grootste heldendichten, die het leven van Rama beschrijft, geschreven door de wijze Valmiki.

Rishi's: een gerealiseerde ziener. Het verwijst gewoonlijk naar de zeven rishi's van het oude India. Zij konden de hoogste waarheid 'zien' en drukten dit inzicht uit in de Veda's.

Sadhak: iemand die zich wijdt aan het bereiken van het spirituele doel. Iemand die sadhana beoefent.

Sadhana: spirituele oefeningen en disciplines zoals meditatie, gebed, japa, het lezen van de heilige geschriften en vasten.

Samadhi: (sam = met, adhi = de Heer. Eenheid met God). Een staat van diepe concentratie, waarin alle gedachten ophouden en de geest opgaat in een volledige stilte, waar alleen Zuiver Bewustzijn is.

Sankalpa: scheppend, totaal besluit, dat zich manifesteert als gedachte, gevoel en activiteit. De sankalpa van een gerealiseerd iemand manifesteert altijd het bedoelde resultaat.

Sannyasi: een monnik die formele geloften van onthechting heeft afgelegd. Hij draagt traditioneel een okerkleurig kleed wat de verbranding van alle gehechtheid symboliseert.

Satguru: een spirituele meester die God heeft gerealiseerd.

Shakti: het dynamische energieaspect van Brahman. Het is ook een naam van de Universele Moeder.

Shanti: vrede.

Shiva: 'de Gunstige, de Genadige, de Goede.' Het statische bewustzijnsaspect van Brahman. Het mannelijke principe. Shiva is ook het aspect van de drie-eenheid dat verantwoordelijk is voor de vernietiging van het universum, van dat wat niet-werkelijk is.

Sishya: discipel of leerling.

Sita: de echtgenote van Rama. In India wordt Ze als de ideale vrouw beschouwd.

Śloka: Vers.

Śraddha: geloof. Amma gebruikt het met een speciale nadruk op alertheid gekoppeld aan liefdevolle zorg voor het werk waarmee men bezig is.

Śrimad Bhagavatam: een van de 18 Purana's, handelend over de incarnaties van Vishnu, vooral Krishna en Zijn jeugdstreken. Het benadrukt het belang van devotie.

Uddhava Gita: een gesprek tussen Heer Krishna en Zijn grote toegewijde Uddhava. Dit staat beschreven in de Śrimad Bhagavatam.

Vasana's: latente neigingen of subtiele verlangens in de geest die de neiging hebben zich te manifesteren in handelingen en gewoonten.

Veda's: 'kennis, wijsheid.' Een verzameling van heilige teksten die in vier delen opgedeeld is: Rig, Yajur, Sama en Atharva. De Veda's bestaan gezamenlijk uit 100.000 verzen met daaraan nog proza toegevoegd. Het oudste deel is samengesteld rond 6.000 voor Christus en werd in het Sanskriet opgetekend tussen 2.000 en 500 voor Christus. Zij zijn één van de oudste geschriften ter wereld. De Veda's worden beschouwd als de directe openbaring van de Hoogste Waarheid, die God aan de Rishi's schonk.

Vedanta: het 'einde van de Veda's'. De filosofie van de Upanishaden die de Uiteindelijke Waarheid verklaart als 'Eén zonder een tweede'.

Vishnu: 'de allesdoordringende.' Een naam van God. Hij daalt als een goddelijke incarnatie naar de aarde af wanneer de wereld Zijn Genade zeer hard nodig heeft. Hij wordt gewoonlijk aanbeden in de vorm van twee incarnaties: Krishna en Rama. Hij is ook het aspect van de drie-eenheid dat verantwoordelijk is voor de instandhouding van de schepping.

www.ingramcontent.com/pod-product-compliance
Lightning Source LLC
LaVergne TN
LVHW051737080426
835511LV00018B/3107